Die

Aristotelische Theorie vom Epos

nach

ihrer Entwicklung

bei

Griechen und Römern

von

Dr. Adam.

Wiesbaden.
Verlag von Chr. Limbarth.
1889.

In the interest of creating a more extensive selection of rare historical book reprints, we have chosen to reproduce this title even though it may possibly have occasional imperfections such as missing and blurred pages, missing text, poor pictures, markings, dark backgrounds and other reproduction issues beyond our control. Because this work is culturally important, we have made it available as a part of our commitment to protecting, preserving and promoting the world's literature. Thank you for your understanding.

Einleitung.

„Ich bin mehr als jemals von der Einheit und Unteilbarkeit des Gedichts (der Ilias) überzeugt, und es lebt überhaupt kein Mensch mehr und wird nicht wieder geboren werden, der es zu beurteilen imstande wäre. Ich wenigstens finde mich alle Augenblicke einmal wieder auf einem subjektiven Urteile: so ist's andern vor uns gegangen und wird andern nach uns ergehen." Diesen Worten Goethes pflichtet unwillkürlich derjenige bei, der die erfolglosen Bemühungen der Gelehrten, die Homerische Frage zu lösen, mit prüfendem Blicke übersieht. Dass aber unlösbare Widersprüche vorhanden sind, dafür genügt es schon allein auf das Zeugnis von Bonitz hinzuweisen, **der in seinem Vortrage: Über den Ursprung der Homerischen Gedichte, Seite 19 f** [1]) darauf aufmerksam macht, dass Il. XI. 609 und XVI. 72 ff. nie und nimmer mit dem Inhalte des IX. Gesanges in Einklang zu bringen seien, während Gesang II—VII einschliesslich allgemein als dem ursprünglichen Plane der Ilias fernstehend angesehen werden. Und doch haben die Alten, an ihrer Spitze Aristoteles, die Einheit beider Gedichte, der Ilias und Odyssee, so hoch gestellt, dass man vergeblich nach einem Tadel oder missbilligenden Seitenblicke auf jene oben gerügten Widersprüche sich umsieht. Ja, wie Schömann [2]) und Rassow [3]) gezeigt

---

[1]) cf. Anmerkung 69.
[2]) cf. Opuscula vol. III, p. 30 ff. de Aristotelis censura carminum epicorum.
[3]) Rassow, Stettiner Progr. von 1849: Über die Beurteilung des Homerischen Epos bei Plato und Aristoteles.

haben, wird gerade Homer als der epische Dichter κατ' ἐξοχήν bezeichnet, der durch die Einheit der dargestellten Handlung weitaus alle übrigen Epiker übertreffe, die meist nur in chronologischer Reihenfolge die Begebenheiten eines Krieges oder die Thaten und Erlebnisse eines Helden zu erzählen verstünden. Die dramatische Gestaltung der Handlung in beiden Epen hat einen solchen Beifall bei den Alten gefunden, dass sowohl Plato als Aristoteles Homer das Haupt der Tragiker nennen, und dass seine Werke in den Scholien geradezu als Tragödien bezeichnet werden.[1]) Diese einstimmige Anerkennung des gesamten Altertums bezüglich der Einheit der Homerischen Gedichte hat ihren Grund, wie es scheint, nicht so sehr in der Unkenntnis oder Unklarheit der Alten über die in den Gedichten enthaltenen Widersprüche, als vielmehr in dem Werte, der auf die Ilias und Odyssee als Erziehungsbücher bei den Griechen gelegt wurde. Hoch und heilig wurden diese Werke gehalten, weil sie in den ältesten Zeiten das einzige Lehrbuch waren, worin wahrhaft menschliche Schicksale lebendig dem jungen und alten Geschlecht vor die Seele geführt wurden; Jahrhunderte lang war Homer in dieser Fassung der Gedichte, wie wir sie jetzt haben, der Priester und Lehrer der Griechen. Kein Epiker, der in chronologischer Reihenfolge die Begebenheiten entwickelte, vermochte ihm auch nur im entferntesten bezüglich seines pädagogischen und bildenden Wertes überhaupt gleichzukommen, und lange Jahrhunderte dauerte es noch, bis ein Äschylus durch Gesamtdarstellung einer in sich geschlossenen Handlung vermittelst seiner Trilogien, oder ein Sophokles durch einzelne Dramen lebendig und ergreifend zum Herzen ihrer Landsleute sprachen. Kein Wunder, dass er als der Vater aller Weisheit gepriesen wurde, da er für Krieg und Frieden, für alt und jung Bilder entworfen hatte, die im Zaubergewande der Poesie doch so rein menschliche Verhältnisse darstellten und in eine Zeit hineinreichten, wo die

---

[1]) Adolf Trendelenburg, Grammaticorum Graecorum de arte tragica iudiciorum reliquiae, Bonn 1867, pag. 70 ff.

tapfern Thaten der Väter noch mit dem Nimbus göttlichen Beistandes umgeben waren. Xenophanes sagt mit Recht[1]):
ἐξ ἀρχῆς καθ' Ὅμηρον ἐπεὶ μεμαθήκασι πάντες.

Die Kunst dient nach Aristoteles drei Zwecken, der Erholung und edlen Unterhaltung, der Beschwichtigung von Affecten durch deren Anregung und Verlauf und nicht zum geringsten der sittlichen Bildung. Er verlangt von dem Gesetzgeber, dass er am meisten für die Erziehung der Jugend Sorge tragen solle.[2]) Tugend ist der oberste Zweck aller Bildungsmittel. In den Dienst der sittlichen Bildung treten aber nicht nur gewisse Arten der Musik, sondern auch andere Kunstgattungen, unter welchen nach den Alten die Poesie den ersten Rang einnimmt, um so mehr da der Vater derselben, Homer, Werke geschaffen hatte, die jene drei oben erwähnten Zwecke vollkommen zu erfüllen imstande waren. Wurden diese Gedichte vorgetragen, so hatte der Grieche eine edle Unterhaltung und erholte sich von den Mühen des alltäglichen Lebens, indem er versunken in das Anhören der tapferen Thaten der Vorfahren oder des mit edler Ergebung ertragenen Geschickes eines Odysseus und einer Penelope das eigene Weh vergass und durch die unschädliche und doch wieder so wertvolle Anregung der Affekte Mitleid und Furcht, deren Aeusserung man im gewöhnlichen Leben unterdrückte, die Seele von dem Drucke befreite, der auf ihr so lange ruhte, als jene Affekte gewaltsam niedergehalten wurden. Aber Unterhaltung und jene homöopathische Kur waren es nicht allein, die den Homer seinen Landsleuten so teuer machten. Es kam noch das so wichtige pädagogische Moment hinzu: die ὕβρις βροτῶν, welche die μῆνις θεῶν heraufbeschwört, wird stets, wenn auch manchmal erst spät, bestraft. So erklärt es sich, dass man nicht nur einzelne Stellen, sondern den ganzen Homer auswendig lernte. Deshalb sagt Äschines[3]) διὰ τοῦτο γὰρ οἶμαι παῖδας ὄντας ἡμᾶς τὰς τῶν ποιητῶν γνώμας

---

[1]) Draco Straton. de metr. ed. Godofr. Hermann S. 33; Cramer Anecdot. Gr. IV S. 415. Vergl. Sengebusch, Hom. dissert. prior. S. 131.

[2]) Polit. VIII, 1 ff.

[3]) c. Ktesiphont. 135.

ἐκμανθάνειν, ἵν' ἄνδρες ὄντες αὐταῖς χρώμεθα, und gedenkt Plato des Auswendiglernens bald ganzer Dichter, bald ausgewählter Stellen.¹) Vorzugweise waren es Homer, Hesiod, Solon und Theognis, deren Gedichte als Lesestoff für die Nation besondere Bedeutung gewannen; denn den Verstand zu üben, das Herz zu bilden, Gefühl für Anstand und Sitte zu wecken, den Drang nach grossen und edlen Thaten dem jugendlichen Gemüte einzupflanzen, waren Hauptaufgaben der Erziehung. Und in dieser Hinsicht galt Homer, der älteste und weiseste Dichter, erst recht als Inbegriff aller religiösen und bürgerlichen Weisheit, um so mehr, da durch die eigentümliche Anlage seiner Gedichte noch eins ins Gedächtnis der Sterblichen lebhaft zurückgerufen wurde, dass die ὕβρις stets ihre Strafe findet. Deshalb sagt Strabo²): οἱ παλαιοὶ φιλοσοφίαν τινὰ λέγουσι πρώτην τὴν ποιητικήν, εἰσάγουσαν εἰς τὸν βίον ἡμᾶς ἐκ νέων καὶ διδάσκουσαν ἤθη καὶ πάθη καὶ πράξεις μεθ' ἡδονῆς.... διὰ τοῦτο καὶ τοὺς παῖδας αἱ τῶν Ἑλλήνων πόλεις πρώτιστα διὰ τῆς ποιητικῆς παιδεύουσιν, οὐ ψυχαγωγίας χάριν δήπουθεν ψιλῆς ἀλλὰ σωφρονισμοῦ, und Plato:³) οἱ διδάσκαλοι... παρατιθέασι αὐτοῖς (τοῖς παισὶν) ἐπὶ τῶν βάθρων ἀναγιγνώσκειν ποιητῶν ἀγαθῶν ποιήματα καὶ ἐκμανθάνειν ἀναγκάζουσιν, ἐν οἷς πολλαὶ μὲν νουθετήσεις ἔνεισι, πολλαὶ δὲ διέξοδοι καὶ ἔπαινοι καὶ ἐγκώμια παλαιῶν ἀνδρῶν ἀγαθῶν, ἵνα ὁ παῖς ζηλῶν μιμῆται καὶ ὀρέγηται τοιοῦτος γενέσθαι. Ferner sagt Dio Chrysost.⁴): κἀκεῖνον μὲν (Ὅμηρον) ὑπολαβεῖν θεῖον ἄνδρα καὶ σοφόν, καὶ τοὺς παῖδας εὐθὺς ἐξ ἀρχῆς τὰ ἔπη διδάσκειν. Denn gerade er schien besonders für diesen Zweck geeignet zu sein. Ähnlich sprechen sich aus Lycurgus⁵) an der bekannten Stelle und Isocrates⁶), der meint, dass Homer deshalb gerade in erster Linie stände, weil er die Vorkämpfer für die Frei-

---

¹) de legib. VII. p. 810.
²) I. 2, 3.
³) Protag. 325 f.
⁴) Orat. XI. 4 cf. G. A. Schneither, de prudentia veterum, qui puerorum institutionem a poetarum imprimis Homeri lectione auspicabantur. Groeningen 1828,
⁵) Advers. Leocrat. §. 102.
⁶) Panegyr. §. 159.

heit Griechenlands besonders gerühmt habe; seine Gedichte würden deshalb auch allein an den Panathenäen vorgetragen.

Aber nicht bloss wegen der schönen Gedanken, der herrlichen Thaten der Helden wurde Homer vorgezogen, sondern, da ein Haupterziehungsmittel der Griechen auch „die Furcht" war, auch um dieser willen. Denn „die Furcht" betrachteten die Griechen überhaupt als den Stützpunkt jeder gesellschaftlichen Ordnung.[1]) Diese aber wurde auch durch Homers Werke gefördert. Wie die Alten Ilias und Odyssee als Tragödien bezüglich ihrer Anlage betrachteten, so auch in ihrer Wirkung; sie sollten Furcht und Mitleid erregen. Wie Agamemnon in seinem Übermute gegen das Recht frevelt und dafür büsst durch das Unglück, das Zeus über ihn verhängt, so wird Achill für seine Starrköpfigkeit durch den Tod des besten Freundes bestraft, so die Trojaner für ihren Eidbruch, Odysseus für das an Polyphem verübte Verbrechen, und die Freier für die mannigfachen im Hause ihres Königs begangenen Frevelthaten. Denn wenn auch noch auf diese Weise durch stetes Anhören jener sich folgerichtig abspielenden Ereignisse, die Belohnung den Guten, Strafe den Bösen brachten, die σωφροσύνη dem heranwachsenden Geschlechte in packenden Beispielen anerzogen wurde, so war der Gewinn für den Staat kein kleiner. Mit Recht sagt daher Lehrs[2]): „haec fuit communis florentis Graeciae opinio poetas docere: ... de bonis moribus et exemplis virtutis cogitabant." Und so darf es uns nicht Wunder nehmen, dass nicht bloss Aristoteles, sondern auch die auf seine Lehre sich stützenden Alexandriner der Ansicht von der Einheit der Homerischen Gedichte stillschweigend gehuldigt haben. Die Scholien sowohl wie Eustathius machen an vielen Stellen darauf aufmerksam, dass der Dichter dies oder jenes lehre, und dass die Gedichte mit ihrer dramatischen Grundlage in ihrer Wirkung als Tragödien zu betrachten seien.

Es kann nicht unerwähnt bleiben, dass diesen Vertretern der Einheit jener Gedichte eine ganze Reihe

---
[1]) cf. Plut. Cleom. 9. Thucyd. II 37. Lys. c. Alc. I 15. Demosth. Mid. §. 96.
[2]) De Aristarchi stud. Homeric. S. 246, zweite Ausgabe.

jüngerer Autoren gegenüber steht, die immer von neuem betonen, dass sie aus „Liedern" zusammengesetzt seien.¹) Letzterer Ansicht haben sich fast alle Neueren ohne Ausnahme angeschlossen, seitdem Lachmann bahnbrechend vorgegangen war. Bestätigt schien diese „Liedertheorie" schon dadurch zu werden, dass einstimmig von den Alten berichtet wird, bei festlichen Gelegenheiten hätten die Rhapsoden bestimmte Teile der Ilias oder Odyssee vorgetragen oder auch selbst verschiedene denselben entnommene Verse zu einem Ganzen zusammengestellt, was dann als besonderes Lied vorgetragen die Feier des Tages wesentlich erhöhte. Mag auch jene Sitte, solche Centones zu verfassen, besonders der späteren, christlichen Zeit angehören, sie war auch schon im alten Griechenland bekannt.²) Die erstere dagegen, bestimmte Teile des ganzen Gedichtes beim Mahle vorzutragen, war uralt. Denn schon in der Odyssee fordert Odysseus den Sänger auf, von dem Liede von Ilion ihm mit Übergehung anderer Partieen den Bau des hölzernen Pferdes zu singen, sowie dieser vorher aus eigenem Antrieb das Lied vom Streite zwischen Odysseus und dem Peliden Achilleus gesungen hatte.³)

Hierbei muss es auffallen, dass offenbar auch die epischen Gedichte vor Homer nur eine chronologische Darstellung der Begebenheiten jenes Krieges kannten, nicht nach der Weise der Homerischen gebaut waren. Um so interessanter wird die Frage: „Wie kommt es, dass Homer in jenen ältesten Zeiten allen übrigen Epikern gegenüber eine im Sinne der Alten rühmliche Ausnahme macht?" Dieselbe kann jedoch nur dann gelöst werden, wenn wir die ganze Tragweite der Aristotelischen Ansicht bezüglich des Epos kennen, weshalb wir uns zunächst auf die Erörterung dieser Frage beschränken.

---

[1]) Vergl. Sengebusch, Homer. dissert. posterior. pag. 27 ff; dazu: Bernhardy, Griech. Litteraturgesch., 3. Bearbeitung, S. 55; Dissen, Kl. Schriften p. 333; Schömann, Recension von „Sagenpoesie der Griechen" von Nitzsch: Neue Jahrb., Bd. 69, Heft I, S. 30.

[2]) Vergl. Villoison, Anecdot. II, pag. 182 f. Eustath. p. 6, 29. Suid.

[3]) Odyss. VIII. 492 und 500; vergl. 73 ff. Demodokos hatte das ganze „Geschick" der Griechen vor Troja gesungen, als Odysseus ihn aufforderte, zur Schilderung des hölzernen Pferdes überzugehen, vergl. 489 ff.

Schon Wolf hat in seinen Prolegomena bemerkt:[1] utilissimum esset, undecunque collecta unum in locum habere, quae in libris veterum vel praecepta de arte poetica, vel de poetis suis sparsim leguntur. Es soll hier der Versuch gemacht werden, die Ansichten der Alten über das Epos und dessen Bau zu verfolgen, doch nur insoweit, als Theorie und Praxis der griechisch-römischen Epiker von der Ansicht des Aristoteles über die Einheit der epischen Handlung und die dramatische Gestaltung der letzteren abhängig sind. Fr. A. Wolf erklärt: „falsum est, quod poetam in Iliade universo bello artificiose usum putant ad ornandum et amplificandum argumentum suum[2]" und später[3]: „Quis... non impense demiretur, ne Alexandrinos quidem Criticos veram vim argumenti Homerici perspectam habuisse...? Inepti sunt Alexandrini isti, inquit, defixi in vocabulis et syllabis[4], videlicet nati ante inventam philosophiam, quam dicimus, artium. At ne vates quidem ipse fuit philosophus, quem tantam artem summae actionis per ambages episodiorum volvendae abscondisse narrant. Nam absconditam illam esse oportet, quando quidem praeter Aristotelem et ante eum paucissimis veterum suboluit." Dagegen ist zu bemerken, dass die Alten, an ihrer Spitze Aristoteles, behaupten, dass Ilias und Odyssee in ihrer Gesamtheit einen Cyklus des trojanischen Krieges bildeten, während die Ilias nach der „Poetik" auf eine einheitliche Handlung aufgebaut ist, in welcher nur solche Begebenheiten als Episoden eingeflochten sind, welche mit der Haupthandlung im Zusammenhange stehen.[5] Schon daraus ergibt sich ein Widerspruch zwischen der Auffassung des Aristoteles bezüglich der Einheit der Ilias einerseits und derjenigen eines Teils der Alexandriner und der Neueren andrerseits. Der Philosoph hält an der Einheit des Werkes fest, wie er denn auch nichts davon weiss, dass die Homerischen

---

[1] Proleg. 3. Aufl. ed. Peppmüller, S. 95, Anm. 91.
[2] Prolegom. S. 89, Anm. 85.
[3] Prolegom. S. 95.
[4] Vergl. das gegen Aristarch und dessen Schule gerichtete Epigramm des Babyloniers Herodicus bei Jacobs Anthol. Gr. 21. II. p. 64.
[5] Cap. XXIII. §. 3 und XVII. §. 8.

Gedichte Volksepen seien, die aus Liedern später künstlich zusammengesetzt worden wären. Er sagt vielmehr überall: Homer hat seine Gedichte dramatisch angelegt, hat dies und das so und so gemacht und steht deshalb über allen übrigen Epikern erhaben da, die nur in chronologischer Folge die Begebenheiten berichten. Seitdem nun Aristarch die βουλὴ Διὸς auf die ἐπαγγελία πρὸς Θέτιδα bezog,[1]) fielen sofort Buch II bis VII nicht mehr in den Rahmen der Haupthandlung, und die Einheit des Planes war zerstört. Andrerseits muss gegen Wolf bemerkt werden, dass die Alexandriner sehr wohl den Aristoteles und mithin auch dessen Ansichten über die Kunst Homers verstanden haben. Denn eine grosse Anzahl ästhetischer Bemerkungen in den Scholien und bei Eustathius beweisen, dass die beiden Gedichte auch von ihnen als Tragödien angesehen wurden, die Mitleid und Furcht erregten. Ausserdem aber haben gerade zwei hervorragende Dichter der alexandrinischen Zeit der Forderung des Aristoteles bezüglich der einheitlichen Handlung des Epos und der dramatischen Gestaltung der letzteren zu genügen gesucht, Callimachus in seiner Hecale und Rhianos in seinen Messeniaca, während der Streit zwischen dem ersteren und seinem Gegner Apollonius nicht zum mindesten gerade in jener Anforderung des Aristoteles seinen tiefsten Grund gehabt zu haben scheint. Hat doch auch Vergil weit später noch sich an jene Vorschrift binden zu müssen geglaubt, und in seiner Äneis sogar einen Cyklus, wie ihn Ilias und Odyssee vom trojanischen Kriege bildeten, so hier von der römischen Geschichte zu schaffen versucht. Alle übrigen Epiker insgesamt, soweit wir sie zu beurteilen imstande sind, gehören zu der grossen Schar der von Aristoteles verworfenen, weil sie entweder bei grossen und umfangreichen Stoffen ab ovo begannen oder, wenn sie auch kleinere Stoffe sich zum Vorwurfe wählten, doch ohne jegliche Kunst in behaglicher Breite den natürlichen Verlauf der Begebenheiten besangen oder im Anschluss an bereits vorhandene Epen das scheinbar Übergangene zu ergänzen

---

[1]) Vergl. Schol. Venet. A Il. I. 5. 6 und Schol. Venet. B zu I. 5; nach letzterem hatte z. B. auch Eukleides eine andere Ansicht von der βουλὴ Διὸς als Aristarch.

und nachzuholen sich bemühten. Doch von den letztgenannten Klassen müssen wir hier absehen. Für uns ist der Gegensatz auffallend, in welchem die Homerischen Gedichte zu allen übrigen Epen, besonders auch zu denen Hesiods stehen; denn auch dieser erzählt, dem natürlichen Verlauf der Dinge gemäss ohne Anwendung künstlicher Mittel, d. h. ohne dramatische Gestaltung einer einheitlichen Handlung.

Deshalb bemerkt Wolf an der oben citierten Stelle, dass man nirgends sonst „primarium heroem, aut primariam actionem aut repetitam ex mediis rebus narrationem, qualis in Odyssea est," finde. Um nun die Auffassung der Alten bezüglich der Anlage der Homerischen Epen kennen zu lernen, ist es nötig, dass wir ausgehend von dem Urteile des Aristoteles und Plato aufspüren, was die Scholien und Eustathius über Homer in ästhetischer Beziehung urteilen, und dann die Entwickelung der Aristotelischen Forderung bezüglich des Epos weiter verfolgen und zusehen, ob nicht doch der eine oder andere der griechisch-römischen Epiker dieser von dem berühmten Philosophen aufgestellten Norm gefolgt sei. Die Arbeiten von Ludwich[1]), der die Fragmente des Didymus gesichtet und zusammengestellt hat, und diejenige von Schrader[2]), der die ζητήματα des Porphyrius herausgegeben hat, haben den Überblick über den Wert der Scholien in ästhetischer Beziehung wesentlich erleichtert. Aus letzterem Werke namentlich ist zu ersehen, dass nur an wenigen Stellen Porphyrius ästhetische Winke für die richtige Auffassung Homerischer Verse und der Gedichte überhaupt giebt. Zwar sind auch schon die Viermännerscholien des Codex Venet. A. mit Porphyrianischen Bemerkungen durchsetzt, aber wie Mass[3]) richtig bemerkt, sie werden ebendadurch um so wichtiger, weil sie die Ansicht des Altertums über Homer in ästhetischer Beziehung repräsentieren; denn in letzter Linie beruhen auch des Porphyrius Ansichten auf Aristoteles, der für die Alexandriner massgebend war. Sonst gibt Porphyrius in seinen

---

[1]) Aristarchs Homerische Textkritik. 2 Teile. Leipzig. 1884.
[2]) Porphyrii Quaestionum Homericarum reliquiae. Leipzig. 1880.
[3]) Die Iliasscholien des Cod. Leidensis, Hermes Bd. 19, H. 2, S. 264 ff. und 4. Heft, S. 534 ff.

ζητήματα rein lexikalische Ausführungen und Worterklärungen, sucht schwierige Stellen zu deuten, die noch heute zweifelhaft sind, und berichtet Allgemeines über Gleichnisse, Exegese und Epexegese. Es können deshalb die Scholien des Cod. Venet. B. exter. manus, die auch Excerpte aus Heraclit enthalten, unbeachtet bleiben, während es noch fraglich ist, ob nicht gerade manche ζητήματα des Venet. A. von Aristarch, Didymus, Nicanor oder Aristonikus selbst abstammen.[1]) Auch in ästhetischer Betrachtung der Dramen der Alten hatte der Verfasser der hierher gehörigen Scholien einen Vorgänger. Denn wie Trendelenburg[2]) nachweist, sind die Lehren des Aristoteles über das Drama zuerst von Aristophanes von Byzanz, dann besonders durch Didymus für die Scholien der Tragiker verwertet worden, und es wäre, bei dem Schweigen der Alexandriner über die Auffassung der Homerischen Gedichte in künstlerischer Beziehung überhaupt, doch sehr auffällig, wenn sie sich gar nicht über den Wert derselben in dieser Beziehung geäussert haben sollten. Gerade ihr Schweigen ist nur so zu erklären, dass auch sie mit des Aristoteles Auffassung einverstanden waren, weshalb nicht alle Bemerkungen ästhetischen Wertes nur von Porphyrius allein abstammen müssen; sie können auch dem Didymus angehören, weil gerade dieser solche Erklärungen in den Scholien der Tragiker eingeführt hat. Was endlich den Eustathius anlangt, so hat Lehrs[3]) nachgewiesen, dass in dem von ihm benutzten Kommentare des Apion und Herodor die Notizen des Herodian aufgenommen waren, und auch Reste von Bemerkungen des Nikanor sich finden. Überhaupt ist jener Mann ganz abhängig von den Alten, und wenn er auch manches nur flüchtig streift und verkehrt berichtet, im grossen und ganzen ist er für uns eine wichtige Quelle der ästhetischen Ansichten des Alter-

---

[1]) Vergl. Schrader Prolegom. S. 447. Dies bezeugt auch Porphyrius selbst: Schol. IX. 688 II. ἐν τῷ Μουσείῳ τῷ κατὰ Ἀλεξάνδρειαν νόμος ἦν προβάλλεσθαι ζητήματα καὶ τὰς γενομένας λύσεις ἀναγράφεσθαι. Vergl. Hecker, Callimachear. commentat. capita duo p. 23.

[2]) Grammaticorum Graecorum de arte tragica indiciorum reliquiae S. 1—85.

[3]) De Arist. stud. Homeric. p. 370 ff. zweite Ausg.

tums über Homer und dessen Gedichte. Stimmt er doch mit Scholien des Codex Venet. A. und B. an manchen Stellen fast wörtlich überein oder gibt sie annähernd wieder.[1]) Selbst die pädagogische Bedeutung des Homer hebt er hervor[2]), obwohl ihm persönlich eine solche Ansicht fern liegen musste. Unter anderen Stellen ist bemerkenswert 35, 38 ff., wo er auf den παιδευτικὸς Ὅμηρος aufmerksam macht und auch die oben citierten Worte Strabos anführt. Freilich weitaus bedeutender sind in dieser Beziehung die Bemerkungen des Cod. Venet. B. von erster Hand, während der Venet A. solcherlei pädagogische Winke nicht enthält. So heisst es im ersteren zu I 13 τὰ τῶν θεῶν δείκνυσι καὶ παραινεῖ ὡς θεοὺς τιμᾶν, zu 33 διδάσκει εἴκειν ταῖς ὑπερβολαῖς, zu 43 διδάσκει ὅσον ἰσχύει εὐχὴ καθαρά, ὅσον δὲ ἀνωφελὴς μυσαρὰ θυσία, zu 46 ἐπιστρέφει πρὸς εὐσέβειαν τὸ καὶ τὰ ἄψυχα τῆς τοῦ θείου αἰσθάνεσθαι δυνάμεως, zu 99 οὐ γὰρ ἐκ μόνης μεταμελείας ἀλλὰ καὶ ἐκ κόπου καὶ προσφορᾶς τοὺς προημαρτηκότας ἀπαλλάττεσθαι δεῖ, zu 193 διδάσκει μὴ ὑπερχρῆσθαι ταῖς ἐξουσίαις τοὺς βασιλεῖς, zu 238 εἰς δικαιοσύνην παρακαλεῖ τοὺς ἄρχοντας, zu 312 ψυχαγωγεῖ διὰ τούτου καὶ τὸ πλῆθος, ὡς ἤδη καθαρθέντες εἶεν διὰ τὴν τοιαύτην ἀπόδοσιν, zu 427 εἰς ἔλεον τὸν θεὸν μετατίθεσθαι δεξιὸν καὶ παιδευτικόν. Dass auch manches Ergötzliche mit unterlaufen musste, wie z. B. I 486 u. 611 zeigen, liess sich erwarten, da, wie Lehrs[3]) richtig bemerkt, die Alexandriner dem Homer schliesslich alle möglichen Kenntnisse zuschrieben. Doch mögen diese Proben genügen, um zu zeigen, dass die Lektüre des Homer bei den Alten als ein

---

[1]) cf. B. II. 681, Eustath. 319, 31; A u. B III. 6. Eust. 372, 2 f.; A u. B VI. 484 Eust. 657, 16 fast wörtlich; A u. B XXIII. 19 Eustath. 1285, 23; ebenda 855, wo B die Notiz ähnlich bringt, und Eustath. mit B stimmt (1333, 11); doch hat Eustath. mehr aus der Quelle des Cod. B pr. m. geschöpft und bringt aus A nur einige Stellen.

[2]) Man vergl. z. B. 114, 23; 142, 16; 847, 44 u. a.

[3]) Nachdem er gesagt hat, dass die Alten bei der Belehrung seitens des Dichters an gute Sitten und Muster der Tapferkeit gedacht hätten, führt er fort: Quae res a parte doctorum Alexandrinorum dupliciter deflexa est, cum primum illam poetarum doctrinam a moribus ad variam eruditionem transferrent; deinde dicebant optimum quemque poetam id agere atque hoc boni poetae consilium esse, ut quam plurima doceret.

Mittel zur Erziehung benutzt wurde.[1] Wir haben es hier nur mit der ästhetischen Seite zu thun, und auch darin ist fast des Guten zu viel geschehen. Vor allem ist jedoch zu betonen, dass von diesen Auswüchsen abgesehen, die einstimmige Meinung des Altertums war, die beiden Homerischen Gedichte seien bezüglich ihrer Wirkung als Tragödien zu betrachten, bezüglich ihrer Anlage als Dramen. Um jene Ansicht aber kennen zu lernen, war es notwendig, von Aristoteles ausgehend, all das festzustellen, was sowohl bei ihm und Plato, als in den Scholien des Codex Venet. A u. B, sowie bei Plutarch und Eustathius über diese Ansicht enthalten ist. Unbeachtet bleiben die von zweiter Hand im Cod. Venet. B hinzugefügten Excerpte aus Porphyrius und Heraclit. Nach Zusammenstellung dieser Notizen über die Gedichte im einzelnen, sollen diejenigen Bemerkungen der Alten gegeben werden, nach denen die Gedichte in ihrer Gesamtheit als κύκλος betrachtet wurden, eine Meinung, die Verfasser schon in einer früheren Arbeit vertreten hat[2], die aber bei dem vielfach zweideutigen Begriffe des Cyklischen bei den Alten neue Forschungen nötig machte. Darauf soll die Aristotelische Lehre vom Epos in ihrer Entwicklung nach der theoretischen und praktischen Seite hin verfolgt und gezeigt werden, was einerseits die Alexandriner und ihre Anhänger bis auf Horaz herab im Anschlusse an Aristoteles über das Epos urteilten, andrerseits sollen diejenigen Dichter namhaft gemacht werden, welche es wirklich versuchten, eine einzige in sich abgeschlossene Handlung im Epos dramatisch zu gestalten und die übrigen auf dieselbe bezüglichen Ereignisse als Episoden derselben einzuverleiben. Erst dann, wenn diese Aufgabe gelöst ist, erscheint es möglich, den Begriff des Cyklischen, den die Alten in verschiedener Weise auf das Epos anwandten, in einer zweiten Abhandlung des näheren darzulegen und die Ausnahmestellung Homers bezüglich der Anlage der Epen des näheren zu beleuchten.

---

[1] Es liessen sich noch viele Stellen aus den folgenden Büchern der Ilias mit διδάσκει, δηλοῖ, διδαχή, ἔδειξεν, παιδεύει, δείκνυσιν u. s. w. anführen, aus denen klar hervorgeht, wie sehr man bemüht war, die Homerischen Verse auch im einzelnen für die Erziehung fruchtbringend zu verwerten.

[2] Adam, die Odyssee und der epische Cyklus, S. 108 ff.

In eingehender und anregender Weise hat G. Fr. Schoemann[1]) in seiner Abhandlung „de Aristotelis censura carminum epicorum" die Ansicht des grossen Philosophen über die Homerischen Gedichte gegenüber den übrigen Epikern vertreten und besonders auf die Einheit der Handlung aufmerksam gemacht, der zufolge aus Ilias und Odyssee, abgesehen von den Episoden nur je eine Tragödie zu machen wäre. Schon vorher hatte Rassow[2]) in seinem Programm „Über die Beurteilung des Homerischen Epos bei Plato und Aristoteles" beider Männer Ansichten sorgfältig zusammengestellt, und später hat Trendelenburg[3]) in der oben angeführten Abhandlung „Grammaticorum Graecorum de arte tragica iudiciorum reliquiae" auf die in unseren besseren Scholien enthaltenen ästhetischen Bemerkungen, welche das Urteil des Aristoteles nur eingehender begründen, hingewiesen. Nicht minder hat Nitzsch in seinen beiden Werken: „meletemata de historia Homeri maximeque de scriptorum carminum aetate"[4]) und in seinen „Beiträgen zur Geschichte der epischen Poesie der Griechen"[5]) wertvolle Winke über seine einheitliche Auffassung der Homerischen Gedichte gegeben, die ihren speziellen Ausdruck in seiner „Sagenpoesie der Griechen"[6]) gefunden hat. —

Im Phädrus unterscheidet Plato verschiedene Arten des durch göttlichen Einfluss den Menschen verliehenen Wahnsinns, vor allem die Liebe zur Philosophie und den dichterischen Wahnsinn. Von letzerem sagt er: τρίτη δὲ ἀπὸ

---

[1]) Opuscula academica vol. III. Berol. 1858.
[2]) Stettiner Programm v. J. 1840/50.
[3]) Bonn 1867.
[4]) 2 Teile, Hannover 1830—37.
[5]) Leipzig 1862.
[6]) Braunschweig 1852.

Μουσῶν κατοχή τε καὶ μανία, λαβοῦσα ἀπαλὴν καὶ ἄβατον ψυχὴν, ἐγείρουσα καὶ ἐκβακχεύουσα κατά τε ᾠδὰς καὶ κατὰ τὴν ἄλλην ποίησιν, μυρία τῶν παλαιῶν ἔργα κοσμοῦσα τοὺς ἐπιγιγνομένους παιδεύει.[1]) Gleichwohl will er in seinem Staate nichts von der Kunst, zumal auch von Homer, wissen. Und doch spendet er ihm das höchste Lob. Denn er sagt de re publica: Οὐκοῦν, εἶπον, ὦ Γλαύκων, ὅταν Ὁμήρου ἐπαινέταις ἐντύχῃς, λέγουσιν ὡς τὴν Ἑλλάδα πεπαίδευκεν οὗτος ὁ ποιητὴς καὶ πρὸς διοίκησίν τε καὶ παιδείαν τῶν ἀνθρωπίνων πραγμάτων ἄξιον ἀναλαβόντι μανθάνειν τε καὶ κατὰ τοῦτον τὸν ποιητὴν πάντα τὸν αὑτοῦ βίον κατασκευασάμενον ζῆν, φιλεῖν μὲν χρὴ καὶ ἀσπάζεσθαι, ὡς ὄντας βελτίστους εἰς ὅσον δύνανται καὶ συγχωρεῖν Ὅμηρον ποιητικώτατον εἶναι καὶ πρῶτον τῶν τραγῳδιοποιῶν.[2]) Und kurz zuvor, als er auf die Prüfung der Dichter nach ihrem Werte zu sprechen kommt, sagt er: Οὐκοῦν μετὰ τοῦτο ἐπισκεπτέον τήν τε τραγῳδίαν καὶ τὸν ἡγεμόνα αὐτῆς Ὅμηρον,[3]) weshalb wir nicht zweifelhaft sein können, dass er im Gorgias[4]), wo er die Tragödie, die Kunst des Flötenspiels und die Dithyrambik mit der Kochkunst, Sophistik, Putzkunst u. s. w. zusammenstellt, unter ersterer die epische Dichtkunst mit versteht. Ja anfangs scheut er sich sogar, über diesen grössten aller Dichter den Stab zu brechen: ῥητέον, καίτοι φιλία γέ τίς με καὶ αἰδὼς ἐκ παιδὸς ἔχουσα περὶ Ὁμήρου ἀποκωλύει λέγειν. ἔοικε μὲν γὰρ τῶν καλῶν ἁπάντων τούτων τῶν τραγικῶν πρῶτος διδάσκαλός τε καὶ ἡγεμὼν γενέσθαι.[5]) Und wie versteht dieser Dichter die Menschen zu bezaubern! Οἱ γάρ που βέλτιστοι ἡμῶν, sagt er, ἀκροώμενοι Ὁμήρου ἢ καὶ ἄλλου τινὸς τραγῳδιοποιῶν, μιμουμένου τινὰς τῶν ἡρώων ἐν πένθει ὄντας, καὶ μακρὰν ῥῆσιν ἀποτείνοντας ἐν τοῖς ὀδυρμοῖς, ἢ καὶ ᾄδοντάς τε καὶ κοπτομένους, οἶσθ' ὅτι χαίρομέν τε καὶ ἐνδόντες ἡμᾶς αὐτοὺς ἑπόμεθα συμπάσχοντές τε καὶ σπουδάζοντες ἐπαινοῦμεν ὡς ἀγαθὸν

---

[1]) Phaedrus, 245, a. cf. de re publ. X. 600, c, d.
[2]) De re publica X. 606, e.
[3]) De re publica X. 598, e.
[4]) Gorgias 501, d ff.
[5]) De re publica X. 595, b.

ποιητήν, ὃς ἂν ἡμᾶς ὅτι μάλιστα οὕτω διαθῇ.[1]) Bei eigenem Leide dagegen finden es ebendieselben Männer rühmlich, ruhig zu bleiben und standhaft auszuharren. Das hier zurückgedrängte persönliche Leid kommt dort zum vollen Ausdrucke: τὸ βίᾳ κατεχόμενον τότε ἐν ταῖς οἰκείαις ξυμφοραῖς, καὶ πεπεινηκὸς τοῦ δακρῦσαί τε καὶ ἀποδύρασθαι ἱκανῶς καὶ ἀποπλησθῆναι, φύσει ὂν τοιοῦτον οἷον τούτων ἐπιθυμεῖν, τότ᾽ ἐστὶ τοῦτο τὸ ὑπὸ τῶν ποιητῶν πιμπλάμενον καὶ χαῖρον.[2]) Da eine solche Wirkung Homers Poesie erzeugt, so nennt er ihn im Theätet das Haupt der Tragiker: τῶν ποιητῶν οἱ ἄκροι τῆς ποιήσεως ἑκατέρας· κωμῳδίας μὲν Ἐπίχαρμος, τραγῳδίας δὲ Ὅμηρος.[3]) Nicht unbekannt ist Plato auch mit den Mitteln, durch welche die Tragödie jene χαρὰ ἀβλαβής erzeugt; denn indem er im Phädrus von Sophokles und Euripides sagt, dass jeder von ihnen im stande wäre, περὶ σμικροῦ πράγματος ῥήσεις παμμήκεις εἰπεῖν, καὶ περὶ μεγάλου πάνυ σμικράς, fährt er fort: ὅταν τε βούληται, οἰκτρὰς καὶ τοὐναντίον, καὶ αὖ φοβερὰς καὶ ἀπειλητικάς, ὅσά τ᾽ ἄλλα τοιαῦτα; καὶ διδάσκων αὐτά, τραγῳδίας ποίησιν οἴεται παραδιδόναι; Φαιδρ. καὶ οὗτοι ἄν, ὦ Σώκρατες, οἶμαι, καταγελῷεν, εἴ τις οἴεται τραγῳδίαν ἄλλο τι εἶναι ἢ τὴν τούτων σύστασιν, πρέπουσαν ἀλλήλοις τε καὶ τῷ ὅλῳ, συνισταμένην.[4])

Platos Urteil über Homer lässt sich nach dem Vorstehenden dahin zusammenfassen: Homer, der erste Tragödiendichter, hat uns in dramatisch-lebendiger Darstellung die Leiden seiner Helden so geschildert, dass wir beim Anhören derselben dem in uns wohnenden Drange, uns einmal auszu-

---

[1] De re publ. X, 605 e.
[2] De re publ. X, 606 a. cf. Philebus 48 a, wo Sokrates sagt: καὶ μὴν καὶ τὰς γε τραγικὰς θεωρήσεις, ὅταν ἅμα χαίροντες κλάωσι, μέμνησαι.
[3] Theaet. 153 a.
[4] Phaedrus 268 c. d. cf. Susemihl, Aristoteles: Über die Dichtkunst, Einleitung S. 36. — Der Verfasser der dem Gorgias zugeschriebenen Lobrede auf die Helena überträgt sogar die Wirkung der Tragödie auf die Poesie überhaupt, indem er sagt: ἧς τοὺς ἀκούοντας εἰσῆλθε καὶ φρίκη, περίφοβος καὶ ἔλεος πολύδακρυς καὶ πόθος φιλοπενθής.

klagen, nachgebend, in völliger Hingabe an den Zauber der Poesie aus Mitleid mit jenen klagen und weinen und so durch die im gewöhnlichen Leben uns versagte Befriedigung jenes Wunsches wahrhafte Freude empfinden.

Das, was nach Plato so Ansicht der gebildeten Griechen über die Homerischen Gedichte war, hat Aristoteles in seiner Poetik bei Besprechung der Tragödie genauer auseinandergesetzt, und da sein Urteil die Alexandriner zu ihrem eigenen gemacht haben, wie dies sich deutlich aus den Scholien und Eustathius ergibt, so ist es nötig, die Lehre des grossen Philosophen vom Epos in aller Kürze hier zu beleuchten. Bei der Vergleichung desselben mit der Tragödie im 26. Kapitel seiner Poetik stellt er die letztere höher und gibt als Hauptgrund dafür unter anderem an, ὅτι πάντ' ἔχει, ὅσα περ ἡ ἐποποιία (καὶ γὰρ τῷ μέτρῳ ἔξεστι χρῆσθαι) καὶ ἔτι οὐ μικρὸν μέρος τὴν μουσικὴν καὶ τὰς ὄψεις, αἷς αἱ ἡδοναὶ συνίστανται ἐναργέστατα.[1]) Denn von den 6 Bestandteilen der Tragödie: μῦθος καὶ ἤθη καὶ διάνοια καὶ ὄψις καὶ λέξις καὶ μελοποιία (VI, 9.) kommen dem Epos nur vier zu, nämlich Fabel, Charaktere, Reflexion und sprachlicher Ausdruck. Ergänzt wird diese Ansicht durch die weitere Bemerkung (V, 7), dass das Epos mit der Tragödie insoweit übereinstimme, dass beide nachahmende Darstellungen würdiger Gegenstände mittelst des Verses wären, dass sie sich jedoch dadurch unterschieden, dass das Epos immer gleichmässig sich nur einer einzigen Versart bediene und nur berichtende Darstellung sei.[2]) Allerdings mache auch noch die Länge einen Unterschied, (XXVI, 12 ff.), denn: ἡ ἐποποιία ἀόριστος τῷ χρόνῳ. Was die wesentlichen Bestandteile anlangt, so seien gewisse von ihnen beiden Dichtungsarten gemeinsam, gewisse andere aber der Tragödie eigentümlich, und wer daher bei einer Tragödie zu beurteilen vermöge, ob sie gut oder schlecht sei, der könne dies auch beim Epos; denn **alles, was zu einem Epos gehöre, finde sich auch bei der Tragödie, aber**

---

[1]) Kap. XXVI, 9 ff.
[2]) Verfasser folgt im wesentlichen der Übersetzung von Susemihl.

nicht alles, was zu dieser gehöre, auch im Epos. Genauer noch spricht er sich Kap. XXIV, 1 f. aus, wo er von den Arten der epischen Dichtung handelt; er sagt, das Epos müsse auch dieselben Teile wie die Tragödie haben, mit Ausnahme der musikalischen Komposition und des Theatralischen, und nicht minder auch dieselben Arten der Fabel, — denn auch sie bedürfe der unerwarteten Wendungen, der Erkennungen und drastischer Scenen — und es verlangten endlich auch in ihr Reflexion wie sprachlicher Ausdruck eine vollendete Behandlung. Er schliesst: οἷς ἅπασιν Ὅμηρος κέχρηται καὶ πρῶτος καὶ ἱκανῶς. Bezüglich der λέξις, des sprachlichen Ausdrucks, nun verlangt Aristoteles, dass er durch Deutlichkeit und Gewähltheit sich auszeichnen solle, und dass der epische Dichter auf ihn die meiste Sorgfalt in jenen gleichgültigen Partieen verwende, in denen weder Charakterentwicklung noch die Reflexion besonders hervortreten sollten, wogegen eine allzu blendende Sprache die Charakteristik und Reflexion in den Schatten stelle. (XXIV, 11, vergl. XIX, 4 ff.) Bezüglich der Reflexion, der διάνοια, d. h. der in die Reden der einzelnen Personen zu legenden Gedanken, bemerkt er Kap. XIX, 2 ff.: ἔστι δὲ κατὰ τὴν διάνοιαν ταῦτα, ὅσα ὑπὸ τοῦ λόγου δεῖ παρασκευασθῆναι. μέρη δὲ τούτων τό τε ἀποδεικνύναι καὶ τὸ λύειν καὶ τὸ πάθη παρασκευάζειν, οἷον ἔλεον ἢ φόβον ἢ ὀργὴν καὶ ὅσα τοιαῦτα, καὶ ἔτι μέγεθος καὶ μικρότητας. Die Handlungen der Personen müssen mit den Reden übereinstimmen, und die beim Reden beabsichtigte Wirkung muss ein Ergebnis ihrer Rede sein.[1]

Von den Charakteren spricht Aristoteles im 15. Kapitel. Die ἤθη müssen nach ihm 1. χρηστά sein, 2. ἁρμόττοντα, d. h. zum Geschlechte und Lebensalter der betreffenden Personen passen, 3. ὅμοια, d. i. naturgetreu, in den Charakteren muss der Erklärungsgrund für die Handlungen gegeben sein; endlich 4. ὁμαλά, d. h. konsequent durchgeführt und sich selbst gleichbleibend. Aus dem dritten Punkte erhellt, dass die Lösung

---

[1] Vergl. Susemihl, Anm. 211 b, sowie Kap. XXIV, 2, wo es heisst, dass Homer durch sprachlichen Ausdruck und Reflexion alle übrigen Epiker übertroffen habe.

des Knotens aus der Handlung selbst mit Notwendigkeit oder Wahrscheinlichkeit sich ergeben muss, nicht ἀπὸ μηχανῆς. Aus diesem Grunde wird das Eingreifen der Athene im zweiten Buche der Ilias an der Stelle, wo Odysseus die Griechen von schimpflicher Flucht abhält (II 155 ff.), getadelt.[1]) Endlich soll der Dichter, wie ein guter Porträtmaler die Charaktere idealisieren und, wenn er zornmütige oder leichtsinnige Leute darstellt, sie trotz dieser Eigenschaften dennoch edel halten. **Ein Beispiel für den Starrsinn, fährt er dann fort, ist wie Agathon und Homer den Achill dargestellt haben.**

Wie Aristoteles endlich den μῦθος im Epos aufgefasst wissen will, ergibt sich aus Kap. XXIII. Auch im Epos muss wie in der Tragödie die Fabel dramatisch angelegt sein, so dass dieselbe eine einheitliche, ein Ganzes bildende und vollständig in sich abgeschlossene Handlung ist, welche Anfang, Mitte und Ende hat, auf dass diese gesamte Schöpfung gleich einem einheitlichen und abgeschlossenen Bilde den ihr eigentümlichen Genuss bereite. Es ist der Charakter der geschichtlichen Darstellung entschieden zu meiden; denn in dieser kann man nicht die Darlegung einer einheitlichen Handlung sich zur Aufgabe machen, sondern muss vielmehr die Einheit der Zeit beobachten und alles das erzählen, was sich in einer und derselben Zeit mit einer oder mehreren Personen zugetragen hat, wovon das eine mit dem andern oft nur in einem zufälligen Verhältnisse steht. Ergänzt wird diese Forderung durch Kap. VIII: μῦθος δ᾽ἐστὶν εἷς, οὐχ ὥσπερ τινὲς οἴονται, ἐὰν περὶ ἕνα ᾖ. Denn wie überhaupt vieles Verschiedenartige vorkommt, aus welchem dadurch, dass es sich auf ein Einziges bezieht, sich noch keine Einheit ergibt, so sind auch der Handlungen eines Einzigen viele, aus denen keine einheitliche Handlung erwächst. Und nun werden die Verfasser getadelt, welche eine Herakleis, Theseis,

---

[1]) Vergl. Susemihl, Anm 202 zu Kap. XV, 7. Solche Göttererscheinungen dürfen nur für solche Begebenheiten verwandt werden, welche ἔξω τοῦ δράματος liegen. Vgl. ebenda.

oder ähnliche Epen dichteten; denn sie haben geglaubt, weil Herkules **eine** Person war, müsse notwendig auch schon die Fabel von ihm Einheit besitzen. Aus Kap. XXIII, 3 ersieht man genauer, wie Aristoteles unter dieser Einheit der Person die chronologische Darstellung der Begebenheiten versteht. Er führt nämlich an einem Beispiele die Sache aus und sagt: „Wie um die nämliche Zeit die Seeschlacht bei Salamis stattfand und die Niederlage der Karthager in Sicilien, die durchaus nicht beide in Beziehung auf einen gemeinsamen Zweck standen, so ist auch nach der unmittelbaren Aufeinanderfolge der Zeiten manches mit einander verbunden, was zu keinem einheitlichen Zwecke zusammengeht. **Aber freilich wohl die grosse Mehrzahl der epischen Dichter stellt in dieser Weise dar**". Ihnen gegenüber rühmt nun der Philosoph an beiden Stellen als Muster den Homer. An letzterer sagt er: διὸ ὥσπερ εἴπομεν ἤδη, καὶ ταύτῃ θεσπέσιος ἂν φανείη Ὅμηρος παρὰ τοὺς ἄλλους, τῷ μηδὲ τὸν πόλεμον, καίπερ ἔχοντα ἀρχὴν καὶ τέλος, ἐπιχειρῆσαι ποιεῖν ὅλον. Er that dies aber deshalb nicht, „weil das Gedicht entweder allzu lang geworden und nicht mehr wohl übersichtlich geblieben sein würde, oder, wenn von mässiger Ausdehnung, so doch allzu verwickelt durch die bunte Fülle der in ihm dargestellten Ereignisse. Er hat vielmehr nur **einen** Teil jener Kriegsbegebenheiten sich für seine Darstellung herausgenommen und zu Episoden viele der übrigen benutzt, wohin z. B. der Schiffskatalog und viele andere Episoden gehören, mit denen er seine Dichtung erweitert. Alle anderen Dichter dagegen begnügen sich mit der Einheit des Helden oder mit der Einheit der Zeit, oder wenn sie die Einheit der Handlung festhalten, so machen sie doch letztere allzu vielteilig, wie dies z. B. vom Verfasser der Cyprien und der kleinen Ilias gilt."

Dann führt der Kritiker noch für Homer, um die Einheit der von ihm bearbeiteten Handlungen darzuthun, als Beweis den Umstand an, dass sich aus Ilias und Odyssee nur je eine Tragödie oder zwei machen liessen, aus den Cyprien aber viele und aus der kleinen Ilias mehr als acht. Aus diesem Grunde wird auch im Kap. VIII gerade wie hier dem Homer hohes Lob gespendet. Denn wie der Philosoph oben von der Ilias rühmend sprach, so lobt er hier die Odyssee: „Homer, wie er auch in allem anderen hervorragt, hat, wie mich dünkt, auch hierin (gegenüber den auf der Einheit der **Person** beruhenden und chronologisch angelegten epischen Gedichten) das Richtige gesehen, sei es nun vermöge künstlerischer Einsicht, sei es vermöge glücklicher Naturanlage. Denn in seine Odyssee hat er nicht alles aufgenommen, was dem Helden begegnet ist, nicht seine Verwundung auf dem Parnassus, nicht seinen verstellten Wahnsinn bei der Sammlung des Heeres, denn beide Handlungen stehen in keinem Kausalnexus zu einander, sondern er gruppierte seine Odyssee um eine einheitliche [1]) Handlung ebenso wie seine Ilias."

Sowie nun Aristoteles verlangt, dass der $μῦθος$ in sich vollendet, abgeschlossen und ganz, dass er von angemessenem Umfange sein soll, so hat er auch bestimmt, wie die in die Fabel eingesponnenen Episoden beschaffen sein müssen. Schon im Kapitel XXIII, 5 ist gesagt, dass Homer nur eine Begebenheit des trojanischen Krieges, nämlich die $μῆνις$ des Achilleus, für sein Epos verwertet, dagegen viele von den übrigen Teilen jener Kriegsbegebenheiten zu Episoden verwendet habe, durch welche die Dichtung erweitert werde. Im 17. Kapitel spricht er von der Detailausführung des Stoffes. Der Dichter soll erst denselben in ganz allgemeinen Grundzügen nach dem Gesetze der Wahrscheinlichkeit oder Notwendigkeit gestalten, dann an die Detailausführung gehen [2]), seinen Personen bestimmte Namen geben und seinen Stoff episodisch ausgestalten. Er hat dabei wohl darauf zu achten, dass solche Episoden zur Sache gehören. Als Beispiel führt Aristoteles die Iphigenie in Taurien an, als solche Detailhandlung den Wahnsinnsanfall beim Orest, durch welchen seine Gefangennahme erfolgt, und die

---

[1]) Diese Einheit ist so streng, dass wenn irgend einer der Teile der Fabel umgestellt oder hinweggenommen wird, das Ganze selbst zerstückt und verrückt wird. (VIII, 4.) Vergl. dazu über Anfang, Mitte und Ende der einheitlichen, ein Ganzes bildenden Handlung, VII, 3 ff.

[2]) Vergl. Susemihl, Anm. 164.

Reinigung, durch die er gerettet wird.¹) Dann fährt er weiter (§. 9): ἐν μὲν οὖν τοῖς δράμασι τὰ ἐπεισόδια σύντομα, ἡ δὲ ἐποποιία τούτοις μηκύνεται. Als Beispiel dient ihm die Odyssee; er sagt: „Bei der Odyssee ist der eigentliche Stoff nur von geringem Umfange: es ist einer Jahre lang von Hause entfernt, (Poseidon behält ihn auf seiner Rückkehr stets feindlich im Auge)²), er bleibt (von allen seinen Gefährten) allein übrig; ausserdem steht es in seinem Hause so, dass sein Hab und Gut von Freiern verzehrt wird, und dass diese auch seinem Sohne nach dem Leben trachten. So kommt er denn endlich nach (langer) stürmischer Irrfahrt zurück, und nachdem er sich mehreren zu erkennen gegeben hat, greift er die Freier an und kommt dabei selbst glücklich davon, während er seine Feinde vertilgt". Er schliesst die Stelle mit den Worten: τὸ μὲν οὖν ἴδιον τοῦτο, τὰ δ' ἄλλα ἐπεισόδια. Es würden demnach die Reise Telemachs nach Pylos und Sparta, der Aufenthalt des Odysseus bei den Phäaken, das Zusammentreffen desselben mit Eumäus und Telemach und der Schluss von XXIII, 296 an als episodische Ausführungen zu betrachten sein.

Trotz dieser Betonung der einheitlichen Handlung des Epos macht Aristoteles Kap. XXVI, 13 darauf aufmerksam, dass diese Einheit eine minder strenge sei als in der Tragödie; denn eine streng einheitlich angelegte Fabel mache entweder durch ihre Kürze den Eindruck des Verstümmelten, oder bei angemessener Länge den des Wässerigen. Verbänden sich dagegen in der Fabel erst mehrere Handlungen zu **einer**, wie in der Ilias und Odyssee, so besitze sie viele solcher Teile, die schon für sich eine genügende Ausdehnung hätten.³) Er fügt hinzu, dass trotz dieser Teilhandlungen „ταῦτα τὰ ποιήματα συνέστηκεν ὡς ἐνδέχεται ἄριστα καὶ ὅτι μάλιστα μιᾶς πράξεως μίμησις". (XXVI, 13 ff.) Ausdrücklich macht dann der

---

¹) Vergl. Susemihl, Anm. 167.
²) καὶ παραφυλαττομένου ὑπὸ τοῦ Ποσειδῶνος.
³) Susemihl, Anm. 274; vergl. Anm. 359 a. b. Gemeint sind die Episoden und Detailausführungen, nicht die Haupthandlung.

Kritiker darauf aufmerksam, „dass es im Epos möglich ist, mehrere Teilhandlungen zugleich vor sich gehen zu lassen" (XXIV, 6), weil jenes eine berichtende Darstellung sei. Durch dieselben gewinne, wenn sie wirklich zur Sache gehörten, die Stattlichkeit des Gedichts. Eine solche parallele Handlung ist z. B. in der Ilias diejenige, wo Achill den Patroklus aussendet, und dieser dann erst nach langer Zeit zurückkehrt (XI, 596—XVI.), in welcher jener sich vom Unglück der Achäer zu überzeugen Gelegenheit hat, das nur durch die ἀπάτη Διὸς einigermassen erträglich wird.[1]) Gerade diese Abwechslung trägt nach Aristoteles zur Erhöhung des Glanzes des Gedichtes bei und ruft wechselnde Eindrücke im Zuhörer hervor, wie denn auch schon dadurch, dass verschiedenartige Teilhandlungen und Auftritte auf einander folgen, die Einförmigkeit, welche mitunter in Tragödien herrscht, vermieden wird. Als Gesamturteil des Stagiriten über die Anlage eines Epos lassen sich die Worte betrachten, die er im Kapitel IV, 9 ausspricht: ὥσπερ δὲ καὶ τὰ σπουδαῖα μάλιστα ποιητὴς Ὅμηρος ἦν (μόνος γὰρ οὐχ ὅτι εὖ, ἀλλὰ καὶ μιμήσεις δραματικὰς ἐποίησεν), οὕτως καὶ τὰ τῆς κωμῳδίας σχήματα πρῶτος ὑπέδειξεν, οὐ ψόγον ἀλλὰ τὸ γελοῖον δραματοποιήσας. ὁ γὰρ Μαργίτης ἀνάλογον ἔχει, ὥσπερ Ἰλιὰς καὶ ἡ Ὀδύσσεια πρὸς τὰς τραγῳδίας, οὕτω καὶ οὗτος πρὸς τὰς κωμῳδίας. Also auch Homers Margites hatte eine einheitliche Handlung zur Grundlage, sowie Ilias und Odyssee, und die übrigen Erlebnisse des komischen Helden waren auch hier zu Episoden verarbeitet. Dennoch tadelt es Aristoteles an den Homerischen Dichtungen, dass sie etwas zu lang seien, ein Tadel, der für die Alexan-

---

[1]) Der Scholiast (Cod. Venet A, vgl. B) sagt zu XII init.: εἰ ἐπιμηκεστέρα γέγονεν ἡ ἐπιμέλεια, μὴ θαυμάσῃς. διαφόρους γὰρ πράξεις ἐν ἑνὶ καιρῷ θεῖναι ἀδύνατον. Zu Vers 2 heisst es im Cod. Venet. A: ὅτι τὰ ἅμα γινόμενα οὐ δύναται ἅμα ἐξαγγέλλειν. ἐν ὅτῳ δὲ οὗτος ἰᾶτο, ἐκεῖνοι ἐμάχοντο, während in B zu XI. 619 bemerkt ist: καιρὸν δίδωσιν τοῦ βαδίζειν Πατρόκλῳ, καὶ τὸ διάκενον τῆς ὁδοῦ πληροῖ, ταῦτα μέσον ἐνθείς. Nach Poet. XVII, 5 ist auch Telemachs Reise als solche Teilhandlung zu betrachten, die neben der Heimkehr des Odysseus parallel herläuft. Die Zeitrechnung freilich stimmt nicht.

driner und deren Auffassung des Epos wichtig wurde. Im Kapitel VII, 10 ff. verlangt er eine bestimmte, aber wohl übersichtliche Grösse der Fabel. Massgebend für die Länge ist der Umstand, dass innerhalb eines Verlaufs von Begebenheiten, die in wahrscheinlicher oder notwendiger Abfolge stehen, ein Wechsel aus Unglück in Glück oder aus Glück in Unglück sich vollziehen kann. Weil man nun aber Anfang und Ende bei den Homerischen Epen nicht gut übersehen kann, so sagt er im XXIV. Kap. §. 5, das würde besser der Fall sein, wenn jene alten epischen Dichtungen etwas kürzer wären. Endlich ist es nach ihm Pflicht des epischen Dichters, möglichst in den Hintergrund zu treten. Bei der Besprechung der Art und Weise, wie man die Gegenstände nachahmend darstellen kann (Kap. III §. 1), sagt er: „Man kann mit denselben Mitteln und dieselben Gegenstände nachahmen, und doch dabei entweder berichten — sei es nun, dass man dabei doch auch wieder andere Personen vorstellt, wie dies Homer thut, sei es, dass man immer gleichmässig und unverändert nur in eigner Person auftritt — oder aber durchweg die dargestellten Personen selber als handelnd und wirkend vorführen". Gerade in ersterer Hinsicht nun ist Homer besonders nachahmenswert; denn Kap. XXIV, 7 heisst es: Ὅμηρος δὲ ἄλλα τε πολλὰ ἄξιος ἐπαινεῖσθαι, καὶ δὴ καὶ ὅτι μόνος τῶν ποιητῶν οὐκ ἀγνοεῖ ὃ δεῖ ποιεῖν αὐτόν. αὐτὸν γὰρ δεῖ τὸν ποιητὴν ἐλάχιστα λέγειν. οὐ γάρ ἐστι κατὰ ταῦτα μιμητής. „Die anderen epischen Dichter dagegen", sagt er, „treten durch ihre ganzen Gedichte hindurch fast nur in eigner Person auf und stellen nur weniges und in wenigen Fällen eigentlich nachahmend dar; ὁ δὲ ὀλίγα φροιμιασάμενος, εὐθὺς εἰσάγει ἄνδρα ἢ γυναῖκα ἢ ἄλλο τι, καὶ οὐδὲν ἀήθη, ἀλλ' ἔχοντα ἤθη."

Auch das Wunderbare und Vernunftwidrige kann nach Aristoteles im Epos in höherem Masse zur Verwendung kommen als in der Tragödie, weil man in ersterem den Handelnden nicht sieht. Er führt dafür mehrere Beispiele aus Ilias und Odyssee an, Kap. XXIV, 3 ff.

Nachdem wir so die Beschaffenheit der einzelnen Stücke des μῦθος kennen gelernt haben, müssen wir zunächst von den Arten der epischen Dichtung sprechen. Nach Kap. XXIV gibt es ganz dieselben Arten epischer Dichtung wie von Tragödien, die einfache, verwickelte, charakterschildernde und die drastische. Von Homers beiden Dichtungen ist die Ilias einfach und drastisch, die Odyssee aber verwickelt — denn sie läuft ganz und gar auf Erkennungen hinaus — und als Charaktergemälde angelegt (§. 2). Nach der Form also ist der μῦθος entweder ἁπλοῦς oder πεπλεγμένος, nach dem Inhalte παθητικός oder ἠθικός.[1]) Wie diese Ausdrücke zu fassen seien, ergibt sich aus Kap. X[2]): „Ich verstehe unter einer einfachen Handlung eine solche, innerhalb welcher der Schicksalswechsel ohne unerwartete Wendungen (περιπέτεια im engeren Sinne) und Erkennungen vor sich geht; eine verwickelte dagegen ist eine solche, in welcher derselbe mittelst Erkennung oder unerwarteter Wendung oder beider zustande kommt. Beide aber müssen aus der inneren Verknüpfung der Fabel selbst hervorgehen, so dass die vorangegangenen Begebenheiten ihr Eintreten mit Notwendigkeit oder doch mit Wahrscheinlichkeit nach sich ziehen."

Was nun den ἀναγνωρισμός anlangt, so wird dieser Kap. XI, §. 2 ff. behandelt und bedarf keiner weiteren Erklärung als des Zusatzes, dass nach Kap. XVI die beste ἀναγνώρισις nicht die durch äussere Zeichen sondern durch das blosse Zusammentreffen der Umstände bewirkte ist. Unter „unerwarteter Wendung" jedoch ist nicht wie Rassow, S. 30, und andere meinen, die beginnende λύσις oder der Wendepunkt der Handlung überhaupt, sondern ein derartiges Ereignis zu verstehen, das wider Erwarten jenen plötzlichen Umschlag ins Gegenteil bedingt. Als Beispiel führt der Kritiker im Kapitel XI den „König Ödipus" des Sophokles[3]) an. Der Hirte kommt, um jene Nachricht zu bringen, welche den Ödipus erfreuen und ihn von der Furcht, dass er seine Mutter geheiratet habe, befreien soll, und führt gerade dadurch das

---

[1]) Vergl. XVIII, 1 ff.
[2]) Vergl. Susemihl, Anm. 98 a und b.
[3]) Sophokl. Oed. rex 914—1145.

Gegenteil herbei, indem er die wahre Herkunft desselben aufdeckt. Nach dem Inhalte soll das Epos entweder drastisch (παθητικός) oder charakterschildernd (ἠθικός) sein. Unter drastisch versteht Aristoteles nach Kap. XI, §. 6: „Vorgänge von besonders verderblicher oder schmerzlicher Natur, wie z. B. Tötungen, die unmittelbar dramatisch vorgeführt werden, schwere Körperleiden, Verwundungen und ähnliche Schreckensscenen." Denn πάθη im allgemeinen Sinne gehören zum Wesen jeder Tragödie[1]). Freilich wird beim Epos eine solche πρᾶξις φθαρτική ἢ ὀδυνηρά im engeren Sinne nicht etwa thatsächlich vorgeführt, sondern nur dem Zuhörer zum inneren Verständnis gebracht. Die Definition der charakterschildernden Art ist ausgefallen; sie konnte aber im Gegensatze zu der oben erwähnten Art der drastischen nur die Bemerkung enthalten, dass ohne solche drastische Effekte die Fabel eine charaktermalende sei.[2]) Wunder muss es uns aber mit Recht nehmen, dass der Philosoph zu vergessen scheint, dass auch in der Odyssee der Freiermord zu den drastischen Erscheinungen gerechnet werden muss[3]), ebenso gut wie die mannigfachen Tötungen in der Ilias, obwohl sie sonst in dieser Beziehung zu jenem Werke in einem allerdings schroffen Gegensatze steht und in der That mehr charakterschildernd ist.

Im 13. Kapitel werden die Erfordernisse des Mythus in Bezug auf die Person besprochen. Der Dichter darf weder ganz untadelige Personen (ἐπιεικεῖς ἄνδρας), noch ganz verworfene Charaktere aus Glück ins Unglück geraten lassen. Ganz verfehlt und untragisch wäre es, wenn schlechte Menschen aus Unglück in glückliche Verhältnisse gelangten. Denn das Mitleid dreht sich nur um solche, die unverdient leiden, und die Furcht um unseres gleichen. Und so ist nur der Charakter echt tragisch zu nennen, der zwischen Untadelhaftigkeit in jeder Beziehung einerseits und moralischer Verworfenheit

---

[1]) Vergl. Susemihl, Anm. 110.
[2]) Susemihl, Anm. 111.
[3]) Die Abart der drastischen, die abenteuerliche, und die Stücke, welche im Hades spielen, sind hier übergangen.

andrerseits in der Mitte steht. Er stürzt ins Unglück durch irgend einen Fehltritt[1]), nicht infolge moralischer Schlechtigkeit; im Gegenteil er muss eher besser als schlechter sein und zugleich durch Lebensstellung (hohes Ansehen) und Glück hervorragen. Gerät ein solcher ins Unglück, so ist das echt tragisch. Danach müsste eine richtig angelegte tragische Fabel nur einen einfachen, nicht einen zweifachen Ausgang haben, nämlich den aus Glück in Unglück. Aus diesem Grunde nimmt nach dem Philosophen z. B. die Odyssee erst den zweiten Rang ein, weil sie auf einen zwiefältigen Ausgang angelegt ist und entgegengesetzt endet für die besseren und schlechteren.

Den Hauptnachdruck legt Aristoteles auf die Wirkung der Tragödie; sie ist ihm nach Kap. XIII, §. 2 die nachahmende Darstellung Furcht und Mitleid erregender Begebenheiten: denn darauf beruhe die unterscheidende Eigentümlichkeit aller tragischen Darstellung. Diese ebengenannten Eindrücke müssen jedoch durch die Verknüpfung der Begebenheiten selbst, nicht durch die ὄψις, die äussere Darstellung, hervorgerufen werden. Die Fabel muss so angelegt sein, dass man auch ohne die Beihülfe des Auges, indem man die Begebenheiten bloss erzählen hört, Schauer und Mitleid über solche Vorgänge empfindet. (XIV, 1 ff.)

Wenn nun die Handlung selbst Mitleid und Furcht erregen soll, so darf das tragische πάϑος (Tötung, Verfolgung, Verwundung u. s. w.) weder unter Feinden noch unter gleichgültigen Personen stattfinden, sondern es muss Blutsverwandte betreffen oder solche Leute, welche durch die Bande der Liebe und Freundschaft verbunden sind. (XIV, 4 ff.)

Aus dieser Darstellung ergibt sich, dass Aristoteles Tragödie und Epos als auf gleicher Grundlage ruhend betrachtet. Es darf uns deshalb nicht auffallen, dass er in seiner Definition der Tragödie den wesentlichen Unterschied zwischen

---

[1]) Susemihl, Anm. 123 a. b. Solche sind aufbrausende Leidenschaftlichkeit, oder z. B. die Versagung des Begräbnisses des Polynikes als Staatsfeindes seitens des Kreon, oder der unversöhnliche Groll des Philoktetes oder der des Achilles.

dem Epos und dieser, abgesehen von Versmass und sonstigen unbedeutenden, oben verzeichneten Abweichungen, dadurch bestimmt, dass er sagt, die Tragödie erziele durch selbstthätige Vorführung handelnder Personen, nicht durch blossen Bericht (οὐ δι' ἀπαγγελίας), [wie das Epos], mittelst der Erregung von Furcht und Mitleid eine Reinigung von eben dieser Art von Affekten (VI, 2).

Bei dieser Gleichstellung von Epos und Tragödie im allgemeinen und beider Wirkung im besonderen gilt als die wichtigste Voraussetzung die Einheit der Fabel. Im Gegensatze zur chronologischen Darstellung der Begebenheiten eines Mythus soll der epische Dichter eine einzige, in sich abgeschlossene Hauptthat aus der ganzen Folge der zusammengehörigen Ereignisse sich auswählen, die infolge geistvoller Bearbeitung des Dichters geeignet ist, die tragischen Affekte des Mitleids und der Furcht hervorzurufen; alle übrigen, zu dieser Haupthandlung in Beziehung stehenden Vorgänge desselben Vorwurfs dürfen nur in der Gestalt von Episoden erscheinen. So hat es Homer gemacht. In seiner Odyssee hat er nicht alle Thaten des Odysseus ab ovo besungen, sondern lediglich seine Rückkehr, und auch diese nicht von Troja ab, sondern von seiner Abfahrt von Ogygia an; die Episoden und gleichzeitig sich in seinem Palaste abspielenden Ereignisse dienen zur Ergänzung des Bildes. Die ganze Erzählung erfüllt des Hörers Herz mit tiefem Mitleid bei dem unsäglichen Leide, welches das ganze königliche Haus unverschuldet heimsucht, aber auch mit Furcht ob der geschehenen Frevel, welche Sühne heischen und die Strafe der Götter über die Gottlosen heraufbeschwören. In der Ilias hat er nicht den ganzen trojanischen Krieg geschildert, sondern dasjenige Ereignis zum Vorwurf genommen, das in der langen Reihe der Begebenheiten als letztes von weitgehender Bedeutung und infolge der βουλή Διός von wahrhaft tragischer Wirkung war, die μῆνις des Achilles; die übrigen Vorgänge während des Krieges sind nur insoweit als Episoden verwertet, als sie dazu dienen, der βουλή Διός Erfüllung zu verschaffen.

Plato und Aristoteles, die Hauptvertreter griechischer

Bildung, sind also der Ansicht, Homers Gedichte seien Epen, die auf dramatischer Grundlage aufgebaut, tragische Wirkung erzielten. Ersterer spricht dies gelegentlich aus, letzterer leitet seine Regeln für das Epos von jenen Gedichten her, die er abgesehen von musikalischer Komposition und der Darstellung durch Schauspieler sonst völlig mit der Tragödie, selbst in ihrer Wirkung, gleichstellt, weil auch diese wie das Epos, das nur zum Anhören bestimmt ist, beim blossen Lesen Furcht und Mitleid erzeugen muss.

Diese Ansicht des Aristoteles von den Homerischen Gedichten haben die Alexandriner zu ihrer eigenen gemacht. Denn es ist einerseits nirgends in den Scholien von einem Angriffe der Art die Rede, wie ihn die heutigen Kritiker auf die Einheit der Gedichte machen, andrerseits haben sie selbst die von dem Stagiriten aufgestellten Forderungen bei der Anlage ihrer Epen zum Teil erfüllt. Denn sowohl Kallimachus hat in seiner Hekale den Plan des Gedichtes ganz so entworfen, wie es der Philosoph verlangt, als auch Rhianos, ein ausgezeichneter Kenner des Homer, in seinen *Μεσσηνιακά* in ähnlicher Weise den Helden Aristomenes zum Träger der ganzen Geschichte des Krieges gemacht hatte, wie Homer den Achill. Wo aber so gewichtige Zeugen für die Aristotelische Auffassung der Homerischen Gedichte seitens der Alexandriner sprechen, dürfen wir den ästhetischen Bemerkungen der Scholien und des Eustathius einen höheren Wert beilegen, als es gemeiniglich geschieht, weil sie die Ansichten des Aristoteles ergänzen. Dass nicht alle derartigen Notizen lediglich von Porphyrius stammen, wie Lehrs[1]) meint, ergibt sich aus Eustathius 878, 59 f.:
φιλεῖ (Ὅμηρος) ἐξ ἀναστροφῆς ἄνω κάτω τιθέναι τὰ πράγματα καὶ παραβύειν εἰς τὸ μέσον τὴν ἀρχήν. καί φασιν οἱ τεχνικοὶ ὅτι τὸ ἐν τοῖς ἐπιμηκεστέροις τῶν διηγημάτων ἀπ' ἀρχῆς εὐτάκτως ἐπὶ τὴν ἀφήγησιν ἰέναι ἀμβλυτέραν καθίστησιν τὴν ἀκρόασιν, τὸ δὲ ἐκ τῶν πρακτικωτέρων ἄρχεσθαι ἡδύτερόν τε καὶ ἐναγωνιώτερον . . . . τοῦτο δὲ τὸ μεθόδευμα καὶ τὴν Ἀχιλλέως μῆνιν, ὡς καὶ προτεθεώρηται, κατ' ἀρχὴν

---

[1]) De Aristarchi stud. Homer., ed. II., p. 220.

τῆς Ἰλιάδος ἔθετο.[1]) Unter den hier erwähnten Technikern ist aber niemand Geringeres verstanden als die Viermänner, denen wir die wichtigsten Notizen über Homer verdanken, Aristonikus, Didymus, Herodian und Nikanor. Unter diesen wird Herodian vorzugsweise ὁ τεχνικός genannt.[2]) Angesichts solcher Thatsachen gewinnen die Scholien ästhetischen Inhalts einen besonderen Wert, obwohl sie nur bestätigen, was wir schon durch Aristoteles wissen. Zu bedauern ist, dass wir nur bruchstückweise solche Ansichten und Urteile vernehmen und die strenge Durchführung der Aristotelischen Lehre entbehren müssen. Auch beschränken sich die Scholien mehr auf Bemerkungen allgemeiner Art; sie nennen die Gedichte Tragödien, geben an, welche Stellen Mitleid und Furcht erregen, wo der deus ex machina angewandt sei, welche Episoden im allgemeinen Sinne des Wortes vorkommen, wie der Plan der Gedichte beschaffen sei, worin die ἁμαρτίαι zu suchen seien. Es war eine schwierige Aufgabe, dies alles im einzelnen zu verfolgen; es soll gleichwohl der Versuch gemacht werden.

Wenn es im Codex Venet. A zu Ilias I, 1 heisst: ἄλλως τε καὶ τραγῳδίαις τραγικὸν ἐξεῦρε προοίμιον, die Gedichte also als Tragödien bezeichnet werden, so wissen wir aus der Poetik des Aristoteles, dass wir dies nur von der Anlage der Fabel und der Wirkung derselben im allgemeinen zu verstehen haben, und dass dem Ausdrucke eine absolute Gleichstellung mit der Tragödie selbst fern liegt. Bezeichnete doch auch Plato schon Homer als Dichter von Tragödien. Zu I, 332 bemerkt der Scholiast des Ven. A: πρῶτος Ὅμηρος πρόσωπα κωφὰ παρήγαγεν εἰς τὴν τραγῳδίαν, womit B stimmt, während Eustathius 111, 46 sagt: πολλὰ τῶν προσώπων ὁ ποιητὴς σιωπῶντα εἰσάγει (cf. 112, 10).[3]) Ein Scholion des Porphyrius zu III, 306 sagt: ἅμα τῷ ποιητῇ ἡ τραγῳδία ἀνύεται δι' οἴκτου

---

[1]) Ähnlich Porphyrius zu XII 127—154 gegen Ende. Vgl. Schrader, S. 178; Dindorf, Schol. Gr. in Homeri Iliadem, Oxonii, tom. III. p. 499 f.

[2]) Schol. Ilias XI, 160. Eustath. 868, 12 f. Vergl. Ludwich, Aristarchs Homer. Textkritik, S. 80.

[3]) Vergl. Trendelenburg, p. 74 ff.

ψυχαγωγοῦσα τὸν ἀκροατήν, wozu Eustath. bemerkt, 418, 15 ff.: πρῶτος οὖν Ὅμηρος, ὥς φασιν οἱ παλαιοί, καὶ τὰ σιγῶντα πρόσωπα ἐν τοῖς δραματικοῖς ἐπενόησεν (Vergl. 490, 15.), und VI, 468 heisst es: πρῶτος παῖδας ἐν τραγῳδίᾳ εἰσάγει. Eustathius nennt 1873, 10 f., wo er von dem ἀναγνωρισμός spricht, die Odyssee ein Drama (πιθανότης τοῦ δράματος, cf. Zeile 24), wie er sie auch 1932, 50 als Tragödie bezeichnet. Auch wird Schol. Il. VI, 58 darauf hingewiesen, dass die Menschen τὸ ἄγαν πικρὸν καὶ ἀπάνθρωπον hassen, ὅθεν κἀν ταῖς τραγῳδίαις κρύπτουσιν τοὺς δρῶντας τὰ τοιαῦτα ἐν ταῖς σκηναῖς, καὶ ἢ φωναῖς τισὶν ἐξακουομέναις ἢ δι' ἀγγέλων ὕστερον σημαίνουσι τὰ πραχθέντα.

Plutarch, der nach Schrader[1]) mit Heraklit und Porphyrius dieselbe Quelle benutzt, berichtet de vita Hom., Kap. 213: ἀλλὰ μὴν καὶ ἡ τραγῳδία τὴν ἀρχὴν ἔλαβεν ἐξ Ὁμήρου, εἰς ὄγκον πραγμάτων καὶ λόγων ἐπαρθεῖσα. ἔστι γὰρ παρ' αὐτῷ πᾶν εἶδος τραγῳδίας, ἔργα μεγάλα καὶ παράδοξα καὶ θεῶν ἐπιφάνειαι καὶ λόγοι φρονήματος μεστοὶ καὶ ἠθῶν παντοίων μιμητικοί. συνελόντι δὲ εἰπεῖν, ὅτι οὐδὲν ἄλλο ἢ δράματα αὐτοῦ ἐστι τὰ ποιήματα .... καὶ ἄλλα πολλὰ τοιαῦτα ἰδεῖν ἔστι παρὰ τῷ ποιητῇ, τραγῳδίαν σεμνὴν καὶ οὐκ ἀπάνθρωπον γράφοντα. Auch andere Ausdrücke weisen auf diese Auffassung hin. So liest man zu Il. II, 73 im Cod. Venet. A: ἄλλως τε καὶ τῇ παραδόξῳ καὶ χαρᾷ καὶ λύπῃ τὴν ποίησιν ἐκτραγῳδεῖ;[2]) zu VII, 422: ὁπόταν πρόσωπον ἡρωικὸν εἰσάγῃ. zu VIII, 185: οὐδαμοῦ Ὅμηρος τεθρίππου χρῆσιν παρεισάγει,[3]) zu VIII, 428: ὅταν ἐπιλογίσηται τὴν ποιητικὴν ἕπεται τοῖς μύθοις καὶ τὴν ὑπόθεσιν ἐκτραγῳδεῖ συμμαχίας καὶ θεομαχίας παράγων.[4])

Vorzugsweise haben jedoch die alten Scholiasten ihr Augenmerk auf jene Stellen gerichtet, durch welche Mitleid und Furcht erregt werden sollten. Sie setzen dabei voraus, dass das, was Aristoteles im XIII. Kap. über Schicksalswechsel und die

---

[1]) Porphyrii quaest. Homer. p. 400 f.
[2]) Auch in B.
[3]) Vergl. dazu das Schol. des Porphyr. in B und Schrader S. 119.
[4]) Ebenso B. vergl. IX, 222, 228, sowie Trendelenburg, Grammat. Graec. de arte trag. iudicior. reliq. S. 71 ff.

Charaktere der auftretenden Helden sagt, für Homer zutreffe; denn in dieser Beziehung wird keine Bemerkung laut; dagegen unzählige, wo jene beiden Seelenaffecte betont werden. Wie es in der vita Homeri heisst: καὶ τὸ μὲν ὅλον παρ' αὐτῷ (Ὁμήρῳ) διήγησις τῶν πραγμάτων παράδοξος καὶ μυθώδης κατεσκεύασται, ὑπὲρ τοῦ πληροῦν ἀγωνίας καὶ θαύματος τοὺς ἐντυγχάνοντας καὶ ἐκπληκτικὴν τὴν ἀκρόασιν καθιστάναι, so steht bei Eustathius 1379, 14: δέδοται κατὰ τοὺς τεχνογράφους τῇ ποιήσει καὶ τερατεύεσθαι, ὡς ἂν ἐκ τούτων ἡδονήν τε ἅμα τοῖς ἀκροαταῖς καὶ ἔκπληξιν ἐμποιήσειεν, und weiter unten (26): τὰ μὲν διδάσκων, τὰ δὲ ἐκπλήττων ἢ καὶ ψυχαγωγῶν.

Ist damit schon auf die wesentlichen Erregungsmittel der Tragödie hingewiesen, so ergibt sich weiter, dass die τεχνικοί — denn unter dem Ausdrucke τεχνογράφοι sind wohl nur diese zu verstehen — auch die wunderbaren Ereignisse der Odyssee mit in das Bereich ihrer Betrachtungen gezogen und das wohl beachtet hatten, was Aristoteles Kap. XXIV, § 8 ff. über das Wunderbare sagt und mit Beispielen aus Ilias und Odyssee belegt. Furcht und Mitleid soll also die tragische Handlung erregen. Belege finden sich zahlreich. So Venet. A I, 21 ἐκφοβεῖ αὐτούς (B.), 26 δυσωπεῖ τοὺς Ἕλληνας (B.), 50 Abs. 2; 580 πρὸς κατάπληξιν τῆς μητρός (B); VI, 371 ἅμα δὲ καὶ κρίνειν τὸν ἀκροατὴν ἀξιοῖ ὅστις ἐπλήρωσε μὲν λύπης εὑρὼν Ἑλένην, Ἀνδρομάχην δ' οὔ, 484 οὐχ ἁπλοῦν τὸ πάθος, ἀλλὰ σύνθετον ἐξ ἐναντίων παθῶν, ἡδοναὶ καὶ λῦπαι· εἰς γέλωτα μὲν γὰρ αὐτὴν προσήγαγε τὸ βρέφος, εἰς δάκρυον δὲ ἡ περὶ τοῦ Ἕκτορος ἀγωνία (B)[1]), IX, 4 οἱ Ἕλληνες ἐταράσσοντο ὑπὸ τῶν δύο χαλεπωτάτων παθῶν, λύπης τε καὶ φόβου, 482 δυσωπητικὰ Ἀχιλλέως ταῦτα (B), 503, οἱ ἱκετεύοντες ὑπὲρ τοῦ ἐλεεινοὺς φαίνεσθαι προσίασιν οἰκτρὰ τὰ σχήματα αὐτῶν καὶ τὰς θέας ἔχοντες, X, 68 δυσωπεῖ γὰρ ὑπόμνησις προγονικῆς ἀρετῆς, 101 ἕνεκα τοῦ ἐκπλῆξαι Νέστορα, 532 Νέστωρ ὑπὲρ αὐτῶν ἀγωνιᾷ (B), ferner XI, 227, XII, 1, XV, 44 ἅμα εἰς ἔλεον τῶν Ἑλλήνων ἐπάγεται τὸν Δία καὶ ὑπὲρ Ποσειδῶνος λεληθότως ἀπολογεῖται.

---

[1]) Eustath. 657, 19 fast wörtlich.

οὕτω Ἡρακλέων, (kurz in B), 101, XVI, 549 (B) [1]), XVII, 142, 186, 197 [2]), 255, (ähnlich B), 648, (ähnlich B), 653, 698, XVIII, 4 (B), 18, (ähnlich B), 20 (B), 230, 271, (ähnlich B), 428, 444 ff. XXII, 444 (B), 487. XXIII, 19 (B). Weit zahlreicher sind die Bemerkungen dieser Art im Codex Venet. B von erster Hand: I, 13 πανταχόθεν τὸν οἶκτον πεποίηται, κτλ., [3]) 20, 21, 33 [4]), 85, 207, 242 [5]), 282 [6]), 307, 311, zu 363 heisst es: ἐν τῇ τοιαύτῃ τῶν λόγων ἀνακοινώσει κουφίζεται τοῦ βάρους ἡ ψυχή [7]), 457, 505, 513, 515, 580. II, 23, 27, 73 (τῇ παραδόξῳ καὶ χαρᾷ καὶ λύπῃ τὴν ποίησιν ἐκτραγῳδεῖ φίλτρον τε πορίζεται ἑαυτῷ ... ἅμα δὲ καὶ ἀγωνιᾶσθαι πεποίηκε τὸν ἀκροατήν, [8]); 232, 286, 345, 692 [9]), III, 95, 142, 216, 221, 222 (!), 224, 236 (Porph.), 242, 254, 279, 306 (Porph.), 342 [10]), 434, IV, 154, 156, 173, 211 f., 243 [11]), 507, V, 24 Eusth. 517, 9, 50, 82, 543, 550, 561 Eustath. 582, 39), 670, 683, VI, 1 Eustath. 621, 44), 70, 371, 373, 383, 392, 413, 423, 429, Eustath. 653, 9, 450, (Eustath. 655, 27), 484, 499, VII, 55, 107, [104 Eustath. 668, 1 ff. 5 ff.] 124, (Eustath. 670, 48), 155, 171, 177, 212, 216, 228, 235, 398, 479, (Eustath. 692, 62 f.) VIII, 14, 34, (Eustath. 696, 29 ff.) 87, 134, 201, 217, 218, 243, (Eustath. 711, 1 zu 245), 424, 425, 472, 509, IX, 4, 14, 67, 160, Eustath. 744, 15 f.) 169, (Eustath. 745, 5 und 13), 197, 300, 303, 315, (Eustath. 752, 39), 432, (Eustath. 761, 27: οἶκτον πολὺν ἐφεικό-

---

[1]) Vergl. auch XVI, 25 Porphyr.
[2]) Eustath. 1101, 50 fast wörtlich.
[3]) Vergl. das folgende Schol.
[4]) Ähnlich Eustath. 31, 30.
[5]) Vergl. Eustath. 94, 21.
[6]) Eustath. 105, 15.
[7]) Vgl. Eustath. 118, 27, der 115, 30 f. ganz allgemein bemerkt: ὅτι συμπαθεῖς οἱ ἥρωες παρὰ τῷ ποιητῇ καὶ ἐτοιμοδάκρυες κτλ. u. 132, 9 f. κατὰ τοὺς παλαιοὺς οὐδὲ τοσαύτην ἔχει κίνησιν τὰ ἡδέα, ὅσην τὰ λυπηρά, wie Schol. I, 1 gesagt wird: βούλεται τὰ λυπηρὰ μᾶλλον ᾄδειν, ἤτοι τῇ ἡδονῇ συγκαλύπτειν καὶ σκέπειν.
[8]) So wörtlich Venet. A. Vergl. die Ausführung bei Porphyr.
[9]) Nur Eustath. 323, 36. Vergl. auch 200, 43 zu Ilias I, 196!
[10]) Zu III, 19 vergl. Porphyr.; zu 219 Eustath. 407, 24.
[11]) Vergl. Eustath. 468, 23.

μενον), 482, (Eustath. 769, 4 f,)[1]), 612, 622, 626, (Eustath. 779, 58 ff.)[2]), X, 17, 39, 57, 61, 85, 104, 140, 158 (!), 160, 176, 194, 233, 272, 336, Eustath. 810, 6), 354, Eustath. 811, 28, 391, 510 (!) 519, 522, 547, XI, 36, 412, 601, Eustath. 865, 41 ff., 627, Eustath. 867, 5 f.: ἐκ τῶν ἐναγωνίων καὶ σκυθρωπῶν μεταβαίνων ... ὡς ἂν ὁ ἀκροατὴς ἀναπνεύσῃ), 656, (Eustath. 876, 48), 665, 668, 763, XII, 1, 272, 413, XIII[3]), 364, 394, XIV, 424: ὅρα δὲ πῶς ἐπὶ τὸ ἀκρότατον ἐξάγει τὰς ἀγωνίας), XV, 7, 17, 44, (Eustath. 1005, 19), 56, 137, 165, 167, 344, 386, 489, 601, 610, 661, Eustath. 1036, 45 ff., 704, Eustath. 1038, 52; XVI, 3, 21, 25, 71, 114, (πάλιν ἐπὶ τὸ κινδυνωδέστατον προήγαγε τὴν ὑπόθεσιν, ähnlich auch Eustath. 1049, 3), 125, 403, 549, 582, 693 (Eustath. 1081, 50), 787, (Eustath. 1086, 49 ff.) 793, (Eustath. 1087, 18), 790, Eustath. 1087, 29; XVII, 30, Eustath. 1093, 39 f., 51, 186, 207, 230, 255, 401, 553, 607, 648, 670, 698, (Eustath. 1123, 33 f.), XVIII, 4, 17, 88, 151, 286, 326, 342, 457, 458, XIX, 7 f., 24, 95, 282, wo der Scholiast noch bemerkt: χορὸν αἰχμαλωτίδων πεποίηκε θρηνοῦντα, ἐξάρχοντος ἐνδόξου προσώπου, 284, 285, 288, 300, XX, 25, 180, 202, 335, 421, 467, XXI, 31, 34 (πρῶτος καὶ τὸ τῶν περιπετειῶν εἶδος ἔδειξε. ποικίλον ὂν καὶ θεατρικὸν καὶ κινητικόν), 74, 83, 86, 184, Eustath. 1230, 38, XXII, 37, 38, 44, 49, 66, 67, 76, Eustath. 1257, 60 f., 78, Eustath. 1258, 1 ff., 79, 80, 83, 88 Eustath. 1259, 17 ff., 95, 130, 161[4]), 253, 257, 274, 297 (!), 337, 370, 381, 406, 408: (Eustath. 1276, 61: ἐλεεινὰ οἰμώξει ὁ προκαλούμενος εἰς οἶκτον τὸν ἀκροατήν), 444, 448, (Eustath. 1279, 9), 465, 468, 474, (Eustath. 1281, 5 f.), 486, 487, 489, 500, XXIII, 17, 19 (Eustath. 1285, 23), 101,

---

[1]) Auch die Scholien von zweiter Hand berichten einiges der Art zu 193, 226, 241, besonders zu 503.

[2]) Auch lächerliche Bemerkungen laufen mit unter, wie 573 Schol. δοῦπός ἐστι ψόφος δέος ἐμποιῶν τοῖς ἀκούουσιν.

[3]) Zu XIII, 86 bemerkt der Scholiast von zweiter Hand: ἔλεός ἐστι λύπη ἐπ' ἀλλοτρίοις κακοῖς. πάσχει γάρ τις καὶ σὺ ἐλεεῖς. Eine ungenaue Reminiscenz aus Aristoteles, Rhet. II. 8.

[4]) Zu 201 bemerkt im Schol. Venet. A Porphyr. ... ἵνα ὥσπερ ἐν θεάτρῳ μείζονα κινήσῃ πάθη.

108, (Eustath. 1290, 58), 184, 351, 353, 408, 537, XXIV, 14, Eustath. 1336, 38 f., 23, Eustath. 1337, 2 f., 36, 148, 161, 208, 239, 247, 255, (Eustath. 1348, 33), 309, (Eustath. 1351, 59), 398, 466 Eustath. 1359, 25 ff. 480, 488 Eustath. 1360, 29, 490, 504, (Eustath. 1361, 41 ff.), 589, (Eustath. 1366, 40), 601, 630, 699, 725, (Eustath. 1372, 60), 776 heisst es endlich: ἐπὶ πλείστῳ ἐλέει καταστρέφει τὴν Ἰλιάδα. ὅθεν οἱ ῥήτορες ἐν τοῖς δικανικοῖς ἔσχατον τιθέασι τὸν οἶκτον ὡς κινοῦντα τὸν ἀκροατήν, was Eustath. 1375,14 fast wörtlich wiedergibt.

Aus dieser Zusammenstellung ergibt sich das überraschende Resultat, dass nach der Ansicht der Alexandriner auch schon die ältesten Griechen bemüht waren, durch Erregung von Furcht und Mitleid auf andere einzuwirken; denn alle auftretenden Personen arbeiten mit diesen Mitteln, so dass es fast den Anschein hat, als wollten sie gewissermassen dadurch unsere auf Sittlichkeit gegründete Autorität und unsere christliche Nächstenliebe erzwingen. Freund und Feind gegenüber werden sie angewandt, und selbst der höchste Gott, Zeus, scheut sich nicht zu Drohungen zu greifen und durch Erinnerung an frühere Gewaltthaten die anderen Götter im Schach zu erhalten. Da nun die Griechen seit den ältesten Zeiten von Jugend auf in die Lectüre der Homerischen Gedichte eingeführt wurden, ja sie sogar auswendig lernen mussten, so machten die einzelnen Stellen und Scenen auf sie einen ähnlichen Eindruck, der noch wesentlich dadurch verstärkt wurde, dass auch die Gesamtanlage beider Werke und die Einheit beider Dichtungen, welche als Tragödien angesehen wurden, auf ähnlicher Grundlage beruhte. Zeigten doch beide Epen, dass das Sittengesetz endlich über die ὕβρις βροτῶν triumphiere. Aus diesem Grunde bemerkt Herodot II, 120 betreffs des trojanischen Krieges, die Griechen hätten ihn deshalb unternommen, ὡς μὲν ἐγὼ γνώμην ἀποφαίνομαι, τοῦ δαιμονίου παρασκευάζοντος, ὅκως πανωλεθρίῃ ἀπολόμενοι καταφανὲς τοῦτο πᾶσι ἀνθρώποισι ποιήσωσι, ὡς τῶν μεγάλων ἀδικημάτων μεγάλαι εἰσὶ αἱ τιμωρίαι παρὰ θεῶν. Und in der That weist Homer in seiner Ilias nach, wie Agamemnons Übermut, des Achilles Starrsinn und der Vertragsbruch der Trojauer von der Gottheit bestraft werden. Diese Vorgänge sind nur Mittel in der Hand des höchsten Gottes, des Zeus, um seinem Entschlusse, die Frevel der Menschheit zu bestrafen, entsprechenden Ausdruck zu verleihen, eine Wahrheit, die durch die richtige Deutung der Worte $\Delta ιὸς \ ἐτελείετο \ βουλή$ bestätigt werden wird.

Im Interesse des Staates nun lag es, einen solchen Dichter nicht nur für die Erziehung der Jugend, sondern auch die des ganzen Volkes zu verwerten. Denn da er seine Unterthanen zur $σωφροσύνη$ heranbilden, ihnen Gehorsam und Humanität beibringen wollte, überhaupt als Haupterziehungsmittel die Furcht ansah, so lag ihm nichts näher, als Homer nicht bloss in den Schulen zu verwerten, sondern seine Werke auch öffentlich aufführen zu lassen, wie dies in Athen geschah. Durch den lebendigen Vortrag der einander ablösenden Rhapsoden musste die aufmerksam lauschende Menge aufs tiefste erschüttert werden, und Mitleid und Furcht zogen in die Herzen ein, doch so dass nicht ein Übermass erzeugt wurde, sondern auch hier eine $μεσότης$ im Aristotelischen Sinne sich herausbildete, die den Menschen im Leben ruhigen Gleichmut bewahren liess. Hörte er den Homer, so konnte er dem Zuge seines Herzens, sich einmal ordentlich auszuklagen, freien Spielraum gewähren; denn: $μέγα \ γάρ \ τε \ καὶ \ ἄλγεσι \ τέρπεται \ ἀνήρ$ (Od. XV, 400.)[1]) Der Mangel eigentlich dramatischer Schaustellung wog dabei nicht allzu schwer; denn Homer

---

[1]) Wie hoch gerade die pädagogische Bedeutung Homers auch in anderer Beziehung geschätzt wurde, zeigen sowohl Eustathius an vielen Stellen, wie z. B. ganz besonders 35, 38, als auch der Cod. Venet. B zu: I, 13, 33, 43, 46, 99, 193, 238, 312, (339 Eustath. 114, 23 $παιδευτικὸς$ $ὁ \ λόγος$), 416, 457, 486, 497, 521, 569, 611 (!!), II, 2, 3, 36, 53, 360, 382, 405, 595, 620, 774, III, 279, 420, IV, 2, 104, 468, 477, V, 23, 61, 78, 605, 613, 671, 895, VI, 90, 102, 160, 188, 202, 351, 468, 499, VII, 2, 47, 59, 94, 125, VIII, 8, 22, 239, 284, 312, IX, 74, 172, 189, 190, 392, 436, 497, 615, XI, 28, (Eustath. 827, 57), 87, 91, 142, 318, 331, (Eustath. 847, 44), 403, 645, 670, XII, 46, 243, 312, 334, XIII, 10, 352, 438, 443, 730, 748, XIV, 11, 19, 104, 107, 153, 187, 261, 315, 868, XV, 109, 190, XVI, 16, XVII, 201, 443, XVIII, 591, XIX, 300, XX, 367, XXI, 96, 331, 468, XXII, 174, 284, 379, XXIII, 537, XXIV, 49, 371.

hatte dadurch, dass er fast überall selbst in den Hintergrund trat, dafür gesorgt, die Illusion der Zuhörer nicht zu stören, und der Scholiast bemerkt zu Il. XXIII, 262: πᾶσαν φαντασίαν ἐναργῶς προβέβληται, ὡς μηδὲν ἧττον τοὺς ἀκροατὰς τῶν θεατῶν ἐσχηκέναι. Dass der Dichter zur Erhöhung des Eindrucks seiner Worte bestrebt gewesen ist, selbst möglichst wenig vorzutragen, wie es Aristoteles verlangt: αὐτὸν γὰρ δεῖ τὸν ποιητὴν ἐλάχιστα λέγειν · οὐ γάρ ἐστι κατὰ ταῦτα μιμητής ... ὁ δὲ (Ὅμηρος) ὀλίγα φροιμιασάμενος, εὐθὺς εἰσάγει ἄνδρα ἢ γυναῖκα ἢ ἄλλο τι, καὶ οὐδὲν ἀήθη ἀλλ' ἔχοντα ἤθη [1]), dies zeigen dem kundigen Leser sowohl die Lectüre selbst wie auch die Scholien. Denn in diesen ist z. B. im Cod. Venet. A zu IX, 685 bemerkt: ἀπὸ τοῦ διηγηματικοῦ ἐπὶ τὸ μιμητικὸν μετέβη, zu XV, 346: ἡ συνήθεια συνάπτει καὶ τὸ νηυσὶν ἐπισσεύεσθαι, ἵνα ἡ μετάβασις ᾖ ἀπὸ τοῦ διηγηματικοῦ ἐπὶ τὸ μιμητικόν, zu XVI, 203: ἀπέστρεψε τὸν λόγον ἀπὸ τοῦ διηγηματικοῦ ἐπὶ τὸ μιμητικόν, ähnlich zu XXIII, 855. Solche Hinweise finden sich auch im Cod. Venet. B zu I, 16, IV, 127, 303, (Eustath. 475, 19), VI, 46, 472, XIX, 4, 282, XXIII, 855. (Vergl. oben und Eustath. 1333, 11.)

Endlich ist in den Scholien auch die Stelle der Poetik nicht unberücksichtigt geblieben, wo Aristoteles sagt, dass im Epos es möglich sei, mehrere Teilhandlungen zugleich vor sich gehen zu lassen; denn dadurch vermöge der Dichter **wechselnde Eindrücke** im Zuhörer hervorzurufen und verschiedene Teilhandlungen und Auftritte aufeinander folgen zu lassen; denn gerade die Einförmigkeit sei Schuld daran, dass so viele Tragödien durchfielen. [2]) Die aus dieser Regel entspringenden Notizen in den Scholien beziehen sich nicht nur auf den Wechsel der Scenerie, damit für den Zuhörer eine Ruhepause eintrete, sondern auch auf wichtigere, die

---

[1]) Poet. XXIV, 7.

[2]) ὥστε τοῦτ' ἔχει τὸ ἀγαθὸν εἰς μεγαλοπρέπειαν καὶ τὸ μεταβάλλειν τὸν ἀκούοντα καὶ ἐπεισοδιοῦν ἀνομοίοις ἐπεισοδίοις· τὸ γὰρ ὅμοιον ταχὺ πληροῦν ἐκπίπτειν ποιεῖ τὰς τραγῳδίας, Poet. XXIV, 4.

Aufmerksamkeit spannende Momente. Solche finden sich z. B. I, 1, 8, (τὸν τῶν ἀκροωμένων νοῦν ἀναριῶν), 24, II, 484 (ὅπως ὄρεξιν ἔχῃ ὁ ἀκροατής, vergl. Eustath. 263, 5 f.), III, 16, (ἐγείρει τὸν ἀκροατήν), IV, 539, (ἀναπαύει τὸν ἀκροατ.), VI, 119, VII, 29, 185 (ἐξαιρεῖ τὸν νοῦν ἡμῶν), 328 (ἅμα διαναπαύειν ἐθέλει τὸν ἀκρ.), VIII, 62 (ἐξαιρεῖ τὸν νοῦν τῶν ἀκρ.), 209, (ἀναπαύων ἡμᾶς ἀπὸ τῆς διηγήσεως), 350, X, 39 (εἰς κίνησιν τὸν ἀκρ. εἰσάγει διὰ τὸ δυσχερές), 43, 349, (ἀποτίθησιν ἡμᾶς εἰς ἀνάπαυλαν), 443, XI, 123, 218 (αἱ τοιαῦται προπαρασκευαὶ ἀκμαιοτέρας ποιοῦσι τὰς προσοχὰς τοῖς ἀκροαταῖς), 604, 711, (Eustath. 879, 3 ff.), XII, 1, 116, 174, 297, 330, XIII, 219, 665, XIV, 114: Ὁμηρικὸν παρεκβάσεσιν ἀναπαύειν τὸν ἀκρ. (Eustath. 970, 61 f.), 392, XV, 390: μεταβάσεσι χρῆται συνεχῶς τὴν προσοχὴν τῶν ἀκρ. ἐρεινῶν, 556, 594, 610, XVI, 31, 46, 666: μικρᾷ ἐκβάσει τὸν ἀκρ. ἀναπαύει καμόντα, 793, 800, XVII, 240, 453, XVIII, 145: αἱ διαιρέσεις θαυμασταὶ καὶ τὸν νοῦν ἀναριῶσαι τῶν ἀκρ. XX, 443, XXIII, 362; vgl. auch zu Od. I, 326, Eustath. 1420, 27.

Von der der Tragödie eigentümlichen Lustempfindung[1]) und der Katharsis ist nur an wenigen Stellen die Rede. Der ersteren wird gedacht II, 73, 694, III, 6 (Eustath. 372, 2), IV, 358 bei Eustath. 480, 22 f., VI, 484, VII, 182, X, 546, XI, 186 bei Eustath. 839, 15 f., 464, XVI, 399, XVII, 208, 453, XIX, 284, XXII, 147, 381 bei Eustath. 1275, 27; Odyss. Eustath. 1379, 14 und 25 ff, X, 491: ἅμα καὶ ὁ ποιητὴς ἐπεισοδίῳ χρήσασθαι ἐβουλήθη διὰ τὸ φρικῶδες καὶ ἐκπληκτικὸν τῆς ψυχαγωγίας, Eustath. 1911, 12 zu Od. XXI, 431, Eustath. 1932, 50 zu Od. XXII, 431. Nur an diesen wenigen Stellen wird auf die Ergötzung der Zuhörer ausdrücklich hingewiesen, dagegen an keiner einzigen auf die Katharsis, wie sie in der bekannten Definition der Tragödie durch Aristoteles angedeutet wird. Da nun an zahlreichen Stellen der Erregung von Furcht und Mitleid gedacht, andrerseits aber auch eine Abart der κάθαρσις hervorgehoben wird, die nicht mit der Aristotelischen Auffassung stimmt, so ist es klar, dass der

---

[1]) Vergl. Susemihl, Einleitung zur Poetik des Aristoteles, S. 36 f.

Wert der Homerischen Epen als Tragödien bezüglich ihrer dramatischen Grundlage und ihrer tragischen Wirkung bei den Auslegern feststand, um so mehr, da sich überall die Spuren von den Ansichten des grossen Philosophen finden, dass diese aber mit jenen Ausdrücken, welche auf die Vorstellung hinauslaufen, als sollten die Zuhörer von den vorgeführten Fehlern befreit werden, wie dies später die Franzosen und an deren Spitze Peter Corneille glaubten [1]), nur die erziehliche Seite der Gedichte im Auge hatten, die auch anderweitig vielfach betont wird. So findet sich gleich zu I, 1 beim Scholiasten die Bemerkung: καὶ γὰρ προσεκτικοὺς ἡμᾶς ἡ τῶν ἀτυχημάτων διήγησις ἐργάζεται καὶ ὡς ἄριστος ἰατρὸς πρῶτον ἀναστέλλων τὰ νοσήματα τῆς ψυχῆς ὕστερον τὴν ἴασιν ἐπάγει. Das andere Scholion lautet: Homer beginnt mit dem δύσφημον ὄνομα „μήνιδος". πρῶτον μὲν ἵν' ἐκ τοῦ πάθους ἀποκαθαρεύσῃ τὸ τοιοῦτο μόριον τῆς ψυχῆς καὶ προσεκτικωτέρους τοὺς ἀκροατὰς ἐπὶ τοῦ μεγέθους ποιήσῃ καὶ προεθίσῃ φέρειν γενναίως ἡμᾶς τὰ πάθη [2]). Zu XXIV, 602 bemerkt der Scholiast: παραμυθητικὸν τὸ τῆς διηγήσεως εἶδος · κουφίζεται γὰρ τὰ πάθη ταῖς ἀλλοτρίαις συμφοραῖς, und weil Zeus dem Ares V, 891 vorwirft, er habe seine Freude an Streit und Kampf, meint der Scholiast zu 890, ἀπαλλάσσει ἡμᾶς ὁ ποιητὴς τῶν τοιούτων. Zu I, 363 lautet ein Scholion: ἐν τῇ τοιαύτῃ τῶν λόγων ἀνακοινώσει κουφίζεται τοῦ βάρους ἡ ψυχή (cf. Eustath. 118, 22).

Bemerkungen über den deus ex machina finden sich: I, 196: εἴωθε εἰς τοιοῦτον αὔξειν τὰς περιπετείας ὡς μὴ δύνασθαι λύειν αὐτὰς ἄνθρωπον. ausführlicher Eustath. 95, 12 ff., Schol. II, 156: εἰς τοσοῦτον ἄγει τὰς περιπετείας, ὡς μὴ δύνασθαι αὐτὰς ἀλλ' ἢ μόνον μεταθεῖναι τὸ θεῖον κτλ., wozu Eustath. 195, 41, (vergl. 216, 31) zu vergleichen ist, der ähnlich sich ausspricht und zum Schlusse sagt: καί φασιν οἱ παλαιοὶ ὅτι πρῶτος Ὅμηρος καὶ τοῖς τραγικοῖς ποιηταῖς

---

[1]) Vergl. Lessing, Hamb. Dramaturgie, St. 77.

[2]) Eine kürzere Fassung dieses ζήτημα wird dem Zenodot zugeschrieben. Siehe Schrader, Porphyr. quaest. Hom. p. 1.

μηχανὰς εἰσηγάγειο, οἳ πολλαχοῦ τῆς αὐτῶν ποιήσεως θεῖα πρόσωπα μηχανικῶς τῷ θεάτρῳ ἐπεισφέρουσιν.[1]) Zu III, 380 bemerkt der Scholiast: ἐπὶ τοσοῦτον προάγει τὰς περιπετείας ὁ ποιητής, ὡς ὑπὸ μόνων ἰᾶσθαι θεῶν. (Eustath. 426, 1 ff.)

Über die Anlage des Epos äussern sich die Späteren übereinstimmend mit Aristoteles. Eustathius stellt 5, 31 an die Spitze seiner Erörterungen den Satz: ὅτι ἓν μέν τι σῶμα συνεχὲς διόλου καὶ εὐάρμοστον ἡ τῆς Ἰλιάδος ποίησις. Vorher hat er bemerkt (5, 6 ff.): ταύτην τὴν βίβλον συλληπτικώτερον Ἰλιάδα ἐκάλεσε ... ὅτι περιέχει τὰ κατὰ τὴν Ἴλιον συμπεσόντα ἤτοι τὰ Τρωϊκά, und ebenda 31: σημείωσαι ὅτι τὸ μὲν εἰπεῖν Ὁμήρου Ἰλιὰς ταὐτόν ἐστι τῷ Ὁμήρου Τρωϊκά. Obwohl nur eine Haupthandlung aus dem ganzen trojanischen Kriege gewählt ist, hat doch der Dichter auch der übrigen Teile desselben gedacht, ganz so wie Aristoteles es Kap. XXIII, 5 behauptet. Denn nach diesem hat Homer nur einen Teil, die μῆνις, aus den Kriegsbegebenheiten herausgenommen, dagegen viele der übrigen kriegerischen Vorgänge zu Episoden benutzt, (vergl. XVII, 4). Dies ist der Grund, dass Eustathius und die Scholien in Übereinstimmung mit ihm vielfach die dramatische Anlage des Gedichtes betonen; ersterer sagt 1, 22: (Ἰλιὰς) δραματικώτερον μὲν σχηματιζομένη διὰ τῆς μονοειδοῦς μέν, πολυπροσώπου δὲ ἀφηγήσεως und erwähnt 18, 1, das Proömium gebe dem Dichter Anlass zu einer πλάσις δραματικωτέρα, ist sich aber des Gegensatzes, in welchem die Ilias zur eigentlichen Tragödie steht, wohl bewusst: 6, 11: ὁ δὲ ποιητὴς εἰ καὶ δραματικῶς ἔγραψεν, ἀλλ' οὐκ ἐδραματιούργησε σκηνικῶς. Gelegentlich der Mauerschau, bei welcher der Leser manches erfahre, οὐ μόνον περὶ ἔτι ζώντων ἀλλὰ καὶ μηκέτ' ἐόντων, bemerkt er 409, 20 ff.: οὕτως εὐμηχάνως Ὅμηρος τὰς ἔξω τε τοῦ νῦν καιροῦ ἱστορίας ἐπεισοδιάζει τῇ ποιήσει καὶ ταῖς μεθόδοις αὐτὴν καταποικίλλει τῶν ἀφηγήσεων·

---

[1]) Gerade diese Stelle, II, 165 ff., findet nicht den Beifall des Aristoteles (Poet. XV, 12 f.); dagegen sucht Porphyrius sie zu verteidigen. Die Lösung hätte auch ohne Eingreifen Athenes gerade so, wie sie jetzt geschildert wird, geschehen können. Vgl. Susemihl, Aristot. Poet. XV, 7, Anm. 202.

ἕκαστον γὰρ τῶν ἐνταῦθα προσώπων ἄλλως καὶ ἄλλως μεθοδεύσας παρέθετο, ἐκφευγων ὡς εἴωθε τὸ μονοειδὲς καὶ ὕπτιον τοῦ ἱστορικοῦ ἀφηγηματικοῦ, eine beredte Umschreibung der oben erwähnten Stelle der Poetik, aber auch zugleich ein deutlicher Hinweis darauf, dass die Mauerschau wie natürlich nicht erst in das zehnte Jahr des Krieges gehört. Auch stimmt diese Auslegung mit der Theorie des Philosophen überein und bedarf nach der obigen Darlegung keines weiteren Beweises. Dass nicht alle Ereignisse berührt werden konnten und mussten, ist einleuchtend, da nach demselben Kritiker die Episoden im Zusammenhange mit der Haupthandlung stehen müssen. So bemerkt der Schol. Venet. A zu II, 553: πολλὰ Ὅμηρος κεφαλαιωδῶς συνίστησιν, αὐτὰ τὰ ἔργα παραλιπὼν ὡς τὴν Μαχάονος ἀριστείαν „παῦσεν ἀριστεύοντα μάχης" (XI, 506). Die Bemerkung ist gegen Zenodot gerichtet, der die Verse II, 553—555 athetierte[1]). Über dies Verfahren Homers, späterer und früherer Ereignisse zu gedenken, spricht sich Eustathius sowohl 878, 59 ff., als ganz besonders noch 889, 38 aus: σημείωσαι καὶ ὅτι εὐμεθόδως ἐν μὲν τῇ πρὸ ταύτης ῥαψῳδίᾳ (XI) κατὰ παρένθεσιν τῶν πρὸ τοῦ Τρωϊκοῦ πολέμου, τὴν στρατολογίαν δηλαδὴ καὶ τὰ ἐπ' αὐτῇ. ἐνταῦθα δὲ κατὰ σχῆμα προαναφωνήσεως τὸ τέλος τοῦ πολέμου γοργῶς καὶ ὡς ἐν κεφαλαίῳ ἐκτίθεται καί τινα τῶν μετ' αὐτό, ἤγουν ἅλωσιν Τροίας δεκάτῳ ἐνιαυτῷ, καὶ νόστον Ἑλλήνων καὶ τείχους ἀφανισμόν, ποιῶν οὕτω συνήθως, ἵνα κἂν ἀπὸ τῆς Ἀχιλλέως μήνιδος τῇ Ἰλιάδι κατεβάλετο τὰς ἀρχὰς, ὅμως μηδὲ τῶν παρασπιζόντων ἄκρων ὦμεν ἀνήκοοι, τουτέστι τῶν πρὸ τῆς μήνιδος καὶ τῶν μετ' αὐτήν. Ein Scholion zu XII, 15 bestätigt dies: ἐπεὶ εἰς τὸν Ἕκτορος θάνατον μέλλει τελευτᾶν ἡ ποίησις, ἵνα μὴ οἰηθείη τις ἐπικρατέστερα εἶναι τὰ τῶν Τρώων, εἶπεν ὅτι ἐπορθήθη, ἵνα μὴ ἀτελεσφορήτους Ἕλληνας ἐάσῃ. Auf diese Methode Homers stützen sich die Tragiker und Komiker bei Anlage ihrer Dramen[2]). Nicht einmal alle Handlungen des zehnten Jahres werden erwähnt: ὅτι δέκα

---

[1]) Vergl. Hentze, Anmerkung zur Ilias von Ameis.
[2]) Eustath. 7, 15 ff.

ἐτῶν περιπλομένων τοῖς Ἕλλησι περὶ τὸν Τρωϊκὸν πόλεμον Ὅμηρος τὴν Ἰλιάδα ἐκ τῶν τελευταίων ἤγουν τοῦ δεκάτου ἔτους ἐποίησεν, οὐδὲ ἐξ αὐτοῦ ὅλου, ἀλλ᾽ ἐκ μέρους τινὸς, τουτέστι τῆς ἐν αὐτῷ συμπεσούσης μήνιδος τοῦ Ἀχιλλέως.[1]) Aber οὐδὲ τὰ ἐν ἀρχῇ[2]) παραλείπουσι οἱ ὄντως ἐκ τῶν τελευταίων ἀρχόμενοι, ἀλλ᾽ εὐμεθόδως καὶ αὐτὰ τῇ τοῦ βίβλου ὁλότητι παρενσπείρουσιν. Nachdem dann Eustathius erwähnt hat, welche Ereignisse seit dem Urteile des Paris bis zum Ausbruch des Zornes des Achilles auf einander gefolgt seien, fährt er 7, 28 weiter: ὁ δὲ ποιητὴς τὰ φθάσαντα παραδραμὼν ἐκ ταύτης (τῆς μήνιδος) ἤρξατο. καὶ διῆλθε μὲν καὶ αὐτὴν καὶ τὰ κατ᾽ αὐτήν· οὐκ ἀφῆκε δὲ ὅμως οὐδὲ τὰ πρὸ ταύτης, ἀλλὰ καὶ ἐκεῖνα καὶ ἄλλα μυρία τῶν παλαιοτέρων παρενέθετο, ἐνσπείρας ὧδε καὶ ἐκεῖ, ὅπῃ παρείκοι, ὡς αὐτὸς ἐνόει καλὸν εἶναι. καὶ οὐ ταῦτα μόνον, ἀλλὰ πολλὰ καὶ τῶν ἐφεξῆς τῆς μήνιδος τῇ Ἰλιάδι ἐπελευσιτικώτερον παρενέβαλεν, οἷον τὸν τοῦ Ἀχιλλέως θάνατον, τὴν τῆς Τροίας ἅλωσιν, ὅτι ὁ Αἰνείας ἄρξει ποτὲ τῶν Τρώων, καὶ ἄλλα τοιαῦτα. ὥστε εἴ τις εἴποι, τὸν Ὅμηρον μὴ αὐτὸ τοῦτο ἐκ τῶν τελευταίων ἄρξασθαι ἀλλὰ μᾶλλον ἐκ τῆς τῶν ἔργων ἀκμῆς, παρεισκυκλῆσαι δὲ καὶ τὰ τοῦ φθάσαντος χρόνου δεξιώτατα καὶ τοῦ μέλλοντος, ὑγιῶς ἂν εἴποι εἴς τε τὴν Ἰλιάδα καὶ εἰς τὴν Ὀδύσσειαν ἀπιδών, ἐν αἷς καὶ ἀμφοτέραις τῇ αὐτῇ μεθόδῳ ἐχρήσατο.[3]) Nachdem Eustathius dann ausgeführt hat, dass besonders Euripides darin den Homer nachahme, spricht er sich noch einmal ähnlich 14, 39 ff. aus: μετατιθεὶς τὰ πράγματα καὶ ἐκ τῶν μετὰ τὰ πρῶτα ποιούμενος τὴν ἀρχήν κτλ. und erklärt zur Odyssee 1384, 13: ὥσπερ ἐν τῇ Ἰλιάδι οὕτω καὶ νῦν ἀπὸ τῶν ἐγγὺς τοῦ τέλους ἄρχεται. Bei alledem bleibt es auffallend, wie denn der Dichter dazu

---

[1]) Eustath. 7, 4 f.
[2]) Eustath. ebenda, 20 ff.
[3]) Zu I, 2 bemerkt ein Scholion späteren Ursprungs: ὁ δὲ ποιητὴς οἰκονομικῶς κἂν τούτῳ ἤρξατο μὲν ἀπὸ τῶν τελευταίων, διὰ δὲ τῶν σποράδην αὐτῷ λεχθέντων περιέλαβε καὶ τὰ πρὸ τούτου πραχθέντα.

kommen konnte, gerade in dieser Weise zu beginnen, nämlich ἐκ τῆς ἔργον ἀκμῆς. Auch darauf erhalten wir eine vernünftige Antwort. In einem ζήτημα des Porphyrius wird dieser Anfang der Ilias mit der μῆνις des Achilles so erklärt: Οἱ Τρῶες Ἀχιλλέως παρόντος οὐδέποτε ἐξῄεσαν τῶν πυλῶν, καὶ σχεδὸν ἄπρακτοι τὴν ἐνναετίαν ἐτέλεσαν τὰς ὁμορούσας πολίχνας οἱ Ἕλληνες διαστρέφοντες· περὶ ὧν ἀναγκαῖον αὐτῷ γράφειν οὐκ ἦν μὴ παρούσης ὕλης τῷ λόγῳ. λέγουσι δὲ καὶ ἀρετὴν εἶναι ποιητικὴν τὸ τῶν τελευταίων ἐπιλαμβάνεσθαι καὶ περὶ τῶν λοιπῶν ἄνεκαθεν διηγεῖσθαι.[1]) Mit anderern Worten berichtet dasselbe Eustathius 7, 11 f. Weil also keine Schlacht stattfand, so lange Achilles die Trojaner bedrängte, da diese sich in der Stadt hielten, so fehlte es an einer bedeutungsvollen, der Darstellung würdigen Handlung, die erst durch den Zorn des Achilles möglich wurde, indem die Trojaner davon Nachricht erhielten und sich nun in die offene Feldschlacht wagten. So erklärt sich wohl das Ausrücken der feindlichen Heere, nicht aber der Sühneversuch. In diese Haupthandlung nun sind künstlich Andeutungen und ganze Begebnisse früherer und späterer Zeiten verwoben. Deshalb sagt ebenfalls Eustathius zu I, 366, wo von der Eroberung Thebes, der Stadt Eetions, die Rede ist: ἱστορία ἐστὶ πρὸ τοῦ χόλου πάντως πραχθεῖσα τοῦ Ἀχιλλέως· εἰ γὰρ ἤρξατο ἐκ τῆς μήνιδος ὁ Ὅμηρος, ἀλλὰ μυρίας ὅσας τῶν πρὸ αὐτῆς ἱστορίας καὶ πράξεις Τρωϊκάς τε καὶ Ἑλληνικὰς τῇ ποιήσει παρενσπείρει, ὡς προείπομεν, μηδέν τι παραλείπων τῶν καιριωτέρων.[2]) So wird z. B. gleich zur Erzählung von den Sperlingen (II, 278) von ihm bemerkt: ἐπιδεξίως ὁ ποιητής... τὴν ἱστορίαν παρενέβαλεν, ἣ τις ἐν ἀρχῇ... τοῦ ἀπόπλου συμβέβηκεν.[3])

---

[1]) Vergl. Schrader, quaest. Hom. Porphyrii, pag. 1, und ebenda die Anmerkung, welche desselben Inhalts ist.
[2]) 118, 39 ff.
[3]) 225, 19 ff. Der Scholiast sagt zu XXII, 62: μὴ γράψας τὴν Ἰλίου πόρθησιν ὅμως ἐδήλωσεν αὐτῆς τὰ παθήματα κτλ. Vergl. Eustath. zu VI. 411 ff., wo Andromache die Eroberung der Stadt Theben durch Achilles erzählt, 652. 12 ff.

So hat auch die späte, erst im zehnten Jahre des Kriegs erfolgende Aufzählung der Hülfsvölker der Griechen und Trojaner zu einem ζήτημα Anlass gegeben, das vom Scholiasten zu II, 494 behandelt wird: θαυμασίως ὁ ποιητὴς μηδ᾿ ὁποῖον παραλιμπάνων τῆς ὑποθέσεως, πάντα δ᾿ ἐξ ἀναστροφῆς κατὰ τὸν ἐπιβάλλοντα καιρὸν διηγούμενος, τὴν τῶν θεῶν ἔριν, τὴν τῆς Ἑλένης ἁρπαγήν, τὸν Ἀχιλλέως θάνατον· ἡ γὰρ κατὰ τάξιν διήγησις νεωτερικὸν καὶ συγγραφικὸν καὶ τῆς ποιητικῆς ἄπο σεμνότητος.[1] Die Beziehungen des Katalogs zur Situation, wie sie zur Zeit des Zornes Achills war, sind durch bestimmten Hinweis auf jenen Zeitpunkt hergestellt, wie z. B. durch II, 686—694, 768—779 auf Achills Fernbleiben vom Kampfe, durch 699—702 auf Protesilaus, durch 721—728 auf Philoktet, 859—861 und 871—875. Während an beiden letzteren Stellen schon auf den künftigen Fall der betreffenden Helden hingewiesen wird, die jedoch nicht namentlich XXI, 25 ff. aufgezählt werden, wird des bei der Landung gefallenen Protesilaus gedacht und des unglücklichen, auf Lemnos zurückgebliebenen Philoktetes.

Dieser Behauptung gemäss, dass Homer viele der übrigen Kriegsbegebenheiten als Episoden verwendet habe, finden wir zahlreiche Hinweise auf solche, die teils anderer Zeit angehören, teils gleichzeitig mit dem Zorn des Peliden sind. So sagt der Scholiast des Cod. Venet. A zu XVIII, 36: ἄλλα ἐπεισόδια καινὰ. καὶ ἀπὸ τῆς γῆς καὶ ἐπὶ θάλατταν μεταφέρει τὸ πένθος, indem er von dem Chore der Nereiden spricht, welche mit Thetis in Klagen ausbrechen. Ebenso wird die ἀπάτη Διὸς als Episode bezeichnet im Scholion zu XIII, 1: ἐρειφθέντος τοῦ τείχους καὶ τροπῆς γενομένης λοιπὸν ἦν ἀναστῆναι Ἀχιλλέα· ὁ δὲ ποιητὴς μῆκός τι καὶ ποικιλίαν περιποιεῖ διὰ τῆς ἀσχολίας τοῦ Διός. (Vergl. Eustath. 915, 37 ff. und Schol. zu XIV, 1.) Als erste Episode erklärt Porphyrius[2] das Auftreten des Thersites im II. Buche; er meint, στασιώδης ὢν οὐκ ἀπελείφθη ἐπὶ τῆς πατρίδος ἢ κατ᾿ ἐπεισόδιον παρῆκται

---

[1] Vergl. Eustath. 263 und Schrader, Porphyr. quaest. Hom. p. 48.
[2] Schrader, p. 30. Vergl. Eustath. 203, 42 ff., sowie 219, 14 ff.

πρὸς τὸ ἐκ τοῦ σκυθρωποῦ πρὸς ἱλαρότητα τὰς ψυχὰς ἀνακαλέσασθαι τῶν Ἑλλήνων ... λαμβάνεται δὲ πᾶν ἐπεισόδιον τῷ ποιητῇ ἢ πιθανότητος ἕνεκεν ἢ χρείας, ὥσπερ τοῦτο νῦν, ἢ κόσμου καὶ ὑψώσεως χάριν. — Über den Schiffskatalog sagt Eustathius 259, 28: ὁ ποιητὴς ἐπεισόδιόν τι ἐξευρὼν ἀξιοῖ τὰς Μούσας νεῶν ποιῆσαι κατάλογον καὶ ἡγεμόνων Ἑλληνικῶν. Ebenderselbe führt 386, 34 den Zweikampf des Paris und Menelaus als solches an: σημείωσαι ὅπως παρ' ἐλπίδα ὁ ποιητὴς ἔγραψε, παρεπεισοδιάσας τὴν μονομαχίαν, während er weiter unten sagt 387: ἄρινμα ποιήσεως Ὁμηρικῆς καὶ τὰ τῶν μονομαχιῶν ἐπεισόδια κτλ.[1]), ferner das Auftreten der Helena und die Teichoskopie (391, 31 ff.) und bemerkt 409, 20 f. über die Erzählung jener: οὕτως εὐμηχάνως Ὅμηρος τὰς ἔξω τε τοῦ νῦν καιροῦ ἱστορίας ἐπεισοδιάζει τῇ ποιήσει καὶ ταῖς μεθόδοις αὐτὴν καταποικίλλει τῶν ἀφηγήσεων. Selbst die Beschreibung des Bogens des Pandarus rechnet er zu den Episoden, die den Hörer erfrischen sollten (450, 8), sowie 484, 19 ff. die Erwähnung der thebanischen Krieges[2]), die Verwundung der Aphrodite durch Diomedes (545, 26).[3] Der Scholiast nennt die Gefangennahme des Adrastos durch Menelaus und dessen Ermordung trotz rührenden Flehens und Anerbietung eines Lösegelds ein καλὸν ἐπεισόδιον πρὸς ἐξαλλαγὴν ταυτότητος. Daneben gedenkt Eustathius der Begegnung des Diomedes und Glaukos[4]) als einer erfrischenden Episode; denn er sagt 628, 39 f.: ἀναπαύει τὸν ἀκροατήν, μετατιθεὶς ἐκ τῶν ἐναγωνίων εἰς γλυκύτητα ἱστορικῆς ἐπιπλάσεως, ebenso des Abschieds Hektors von Andromache[5]) als τῆς ἡρωίνης ταύτης ἐπεισόδιον.[6]) Im neunten Buche erklärt er an der Stelle, wo Nestor vom Meleager erzählt und den Achill warnend auf dessen

---

[1]) Im Folgenden bezeichet er alle Aristieen so, mit Ausnahme des Kampfes zwischen Hektor und Achilles.
[2]) IV, 376 ff.
[3]) V, 330—431.
[4]) VI, 116—236 cf. Schol. VI, 119, Eustath. 650.
[5]) VI, 371—502.
[6]) 650, 6 ff. Er lobt überhaupt die Entfernung Hektors vom Kampfplatze, weil sie zu verschiedenen Ausschmückungen Anlass gebe.

Beispiel und zu lange andauernden Groll hinweist: τὸ τοῦ Μελεάγρου ἐπεισόδιον πολλὴν ἔχει πρὸς τὰ τοῦ Ἀχιλλέως ὁμοιότητα und führt dann diese des näheren aus: 771, 61 ff.[1]) Dass die Δολώνεια als Episode anzusehen sei, ist um so einleuchtender, da sie, wie Eustathius 785, 41 f. bemerkt, ursprünglich gar nicht in der Ilias stand; sie muss eine ähnliche Stellung eingenommen haben, wie die von Glaukos und Diomedes, die auch an anderer Stelle gelesen wurde. Der Venet. A sagt zu VI, 119: μετατιθέασί τινες ἀλλαχόσε ταύτην τὴν σύστασιν, während jener von der Dolonie berichtet: φασὶ οἱ παλαιοὶ τὴν ῥαψῳδίαν ταύτην ὑφ' Ὁμήρου ἰδίᾳ τετάχθαι καὶ μὴ ἐγκαταλεγῆναι τοῖς μέρεσι τῆς Ἰλιάδος, ὑπὸ δὲ Πεισιστράτου τετάχθαι εἰς ποίησιν. Ehe die Homerischen Gedichte aufgeschrieben wurden, nahm man aus dem reichen Material des Dichters, der vom trojanischen Kriege gesungen hatte, bald jene bald diese Stelle heraus, um sie vorzutragen; nicht alle solche Stücke passten aber in den Zusammenhang der uns überlieferten Gedichte; denn auch die Episoden selbst sollen zur Haupthandlung gehören. So erklärt es sich, dass manche an verschiedenen Stellen untergebracht werden, manche gar keinen Platz erhalten konnten und einfach verloren gingen.

Die Erwähnung der Gefallenen XI, 300 f. geschieht nach dem Scholiasten ὡς ἐν παρόδῳ. Zur Erzählung des Diomedes (XIV, 114) wird in den Scholien bemerkt: Ὁμηρικὸν τὸ ταῖς παρεκβάσεσι διαναπαύειν τὸν ἀκροατήν.[2]) Dagegen wird die ἀπάτη Διός als retardierendes Moment in Episodenform mit Recht vom Scholiasten zu XIV, 153 bezeichnet: ἤδη προσδοκωμένου τοῦ κινδύνου τῶν νεῶν ἀντιπερθέτως, ἑτέρῳ ἐπεισοδίῳ ἑκατο-

---

[1]) Der Scholiast zu IX, 527 nennt die Geschichte vom Meleager ὑποδιήγησις, deren Begriff Eustathius 771, 10 ff. definiert; als solche würde auch das von Eustathius 763, 12 s. g. τῆς μητρὸς ἐπεισόδιον (IX, 447 ff.) zu betrachten sein.

[2]) Vergl. dazu Schol. XVI, 666 von der Entführung der Leiche Sarpedons durch Apollo. Ähnlich Eustathius 970, 61 ff., der auch darin eine Episode sieht.

ποίησε τὴν ὑπόθεσιν, μετάγει τε ἡμᾶς ἐπὶ τὰ οὐράνια καὶ ἐρωτικὰς διηγήσεις ποιεῖται, ἅμα διδάσκων μὴ νικᾶσθαι ταῖς ἡδοναῖς.[1]) Zu der Stelle XV, 230, wo Apoll im Auftrage des Zeus die Ägis nimmt und zum Schrecken der Griechen schüttelt, wird berichtet: πολλαὶ αἰτίαι τῆς ἥττης Ἑλλήνων Ποσειδῶνος ὑποχώρησις, Ἀπόλλωνος κάθοδος, αἰγίδος ἐπεισόδιον. Oben wurde schon der Klage der Thetis und des Chores der Nereiden gedacht, indem das Scholion zu XV, 36 des Cod. Venet. A von ἄλλα καινὰ ἐπεισόδια spricht, wozu das Auftreten der Thetis, 35—148, und die ὁπλοποιία 369—617 und XIX, 1—39 zählen.

Die Einheit der Handlung beruht nach den Alten auf der βουλῇ Διός. Die Worte des Dichters Διὸς δ' ἐτελείετο βουλή, welche Aristarch als eng mit den vorhergehenden Worten zusammenhängend betrachtete, sind nach Annahme der Scholien von dem Versprechen zu verstehen, das Zeus der Thetis gibt; der Scholiast des Venet. A sagt zu I, 5: Ἀρίσταρχος συνάπτει, ἵνα μὴ προοῦσά τις φαίνηται βουλὴ καθ' Ἑλλήνων, ἀλλ' ἀφ' οὗ χρόνου ἐγένετο ἡ μῆνις, ἵνα μὴ τὰ παρὰ τοῖς νεωτέροις πλάσματα δεξόμεθα. Deshalb werden die übrigen Auslegungen der βουλή im Folgenden verworfen und wird zum Schlusse gesagt: ἡμεῖς δέ φαμεν κατὰ τὴν Ἀριστάρχειον καὶ Ἀριστοφάνους δόξαν, τῆς Θέτιδος εἶναι βουλήν, ἣν ἐν τοῖς ἑξῆς φησι λιτανεύουσαν τὸν Δία ἐκδικῆσαι τὴν τοῦ παιδὸς ἀτιμίαν, καθάπερ ἐν τῷ προοιμίῳ. Andere aber erklärten anders und trennten, wie Eukleides, der nach dem Scholion des Venet. B zu I, 5 sagte, die Worte Διὸς δ' ἐτελείετο βουλή seien nicht mit dem Vorhergehenden zu verbinden, ἀλλ' ὡς κεχωρισμένον καὶ καθ' ἑαυτὸ λεγόμενον· ἡ δὲ Διὸς ἐτελείετο βουλὴ τῷ τοὺς ἠδικηκότας ἀξίαν δοῦναι δίκην ὧν ἠδίκησαν, ὅπερ ἐστὶ τέλος τῆς Ἰλιάδος, ὡς εἶναι τὸ μὲν ἐπὶ τοῦ Ἀχιλλέως εἰρημένον κοινὸν τῆς ὅλης φράσεως, τὸ πολλὰς δ' ἰφθίμους ψυχάς, τὸ δὲ ἐπὶ θεοῦ κεχωρισμένον, ὅτι δίκην ἔδοσαν τῇ βουλῇ αὐτοῦ. Zunächst fällt es

---

[1]) Vergl. Eustath. 973, 39 ff., der die Gelegenheit wahrnimmt, nachdrücklich vor den λόχους καὶ λόγους der Weiber zu warnen.

auf, dass Aristarch so ängstlich an dem Zusammenhange der Worte mit dem vorhergehenden vierten Verse festhält; er thut es, ἵνα μὴ προοῦσά τις φαίνηται βουλὴ καθ᾽ Ἑλλήνων. Dies war aber thatsächlich der Fall; denn am Schlusse der Inhaltsangabe der Cyprien sagt Proklus ausdrücklich: Διὸς βουλὴ ὅπως ἐπικουφίσει τοὺς Τρῶας, Ἀχιλλῆα τῆς συμμαχίας τῆς Ἑλληνικῆς ἀποστήσας.

Bemerkenswert ist es, dass Euklid mit seiner Ansicht ganz die Meinung Herodots (II, 120) vertritt, der, wie oben gezeigt wurde, sagt, durch den trojanischen Krieg hätte die Gottheit es bewirkt: ὅκως πανωλεθρίη ἀπολόμενοι καταφανὲς τοῦτο τοῖσι ἀνθρώποισι ποιήσωσι, ὡς τῶν μεγάλων ἀδικημάτων μεγάλαι εἰσὶ καὶ αἱ τιμωρίαι παρὰ θεῶν, Worte, die sich mit denen Euklids dem Sinn nach vollständig decken. Dann aber preist Plato den Homer als den grössten Tragödiendichter, und Aristoteles sagt, trotz der verschiedenen Teilhandlungen seien beide Gedichte einheitlich angelegt: καίτοι ταῦτα τὰ ποιήματα συνέστηκεν, ὡς ἐνδέχεται ἄριστα καὶ ὅτι μάλιστα μιᾶς πράξεως μίμησις (XXVI, 13). Dies ist nicht der Fall, wenn die βουλή auf die Bitte der Thetis bezogen wird. Dazu kommt noch, dass Aristoteles behauptet, Ilias und Odyssee bildeten einen Cyklus, d. h. doch wohl des trojanischen Krieges, und dann muss sich die βουλή auf jenen Entschluss des Zeus beziehen, die Menschen wegen ihrer Frevel zu vernichten.[1]

Diese Auffassung wird nicht bloss von Euklides vertreten, sondern auch durch die Scholien bestätigt. Denn im Cod. Venet. A heisst es zu I, 5 f., in der ἱστορία: ὕστερον δὲ πάλιν συμβούλῳ τῷ Μώμῳ χρησάμενος, ἣν Διὸς βουλὴν Ὅμηρός φησιν ...[2]. Nicht unwichtig ist ferner der Umstand, dass in den Cyprien nur die Vorbereitungen zum trojanischen Kriege und die Landung erzählt werden, nichts dagegen, was der im Proömium derselben betonten βουλὴ Διός, die Menschen

---

[1] Adam, die Odyssee und der epische Cyklus, S. 108 f.
[2] Vergl. Tzetzae, exeges. in Iliadem, ed. Godofr. Hermann, Leipzig 1812, S. 67 f., Sengebusch, dissert. prior. p. 151 f.

wegen ihrer Gottlosigkeit zu vernichten, entspräche; die Worte desselben: οἱ δ᾽ ἐνὶ Τροίῃ ἥρωες κτείνοντο, Διὸς δ᾽ ἐτελείετο βουλή, ‚passen vielmehr nur auf die Ilias, welche die μεγάλαι τιμωρίαι τῶν μεγάλων ἀδικημάτων schildert. Endlich bezieht sich, wie ich früher nachzuweisen versucht habe[1]), diese βουλὴ Διός stets im Epos auf die an Zeus gerichtete Bitte Gäas, die Erde von der erdrückenden Last gottloser Menschen zu befreien, so dass Aristarch nicht nur den aus Ilias und Odyssee bestehenden Cyklus sprengte und seiner höheren Einheit beraubte, sondern auch der Ilias die einheitliche Grundlage nahm, da Gesang II—VII nach seiner Interpretation völlig den Zusammenhang stören.

Dabei drängt sich uns noch eine andere Erwägung auf. Nach Proklus wurde der gleichfalls dem Homer zugeschriebene grosse epische Cyklus aus den Werken verschiedener Dichter zusammengestellt (ἐκ διαφόρων ποιητῶν συμπληρούμενος) und zwar von einer Commission; denn er nannte τὰ ὀνόματα καὶ τὰς πατρίδας τῶν πραγματευσαμένων τὸν ἐπικὸν κύκλον: der Zweck dieser handwerksmässigen Thätigkeit war ein rein äusserlicher, die ἀκολουθία τῶν ἐν αὐτῷ πραγμάτων. Dass man mit den Gedichten nicht sehr glimpflich umging, zeigt die Kürzung der Cyprien, in welchen gar keine Rede von der Ausführung der βουλή des Zeus war, und der Umstand, dass dieselben durch einen Einschub in Übereinstimmung mit der Ilias gebracht werden mussten; denn Herodot berichtet, Paris habe nach den Cyprien die Helena am dritten Tage nach Ilion gebracht: εὐαεῖ τε πνεύματι χρησάμενος καὶ θαλάσσῃ λείῃ· ἐν δὲ Ἰλιάδι λέγει, ὡς ἐπλάζετο ἄγων αὐτήν.[2]) Da nun die Ilias in ihren früheren Partieen nach dem Scholiasten des Venet. A zu I, 1 keine einheitliche Begebenheit umfasste, vielmehr erst der Zorn Achills Veranlassung zu Feldschlachten gab, so fielen im Cyklus die früheren Teile derselben weg, und jener ward Hauptsache. Sollte jedoch eine innige Verschmelzung mit

---

[1]) Adam, die Odyssee und der epische Cyklus, S. 75 f. und 98 ff.
[2]) Herodot II, 117, Eustath. 643, 1; vergl. Sengebusch, diss. pr. S. 151, Adam, S. 80.

den Cyprien erzielt werden, so musste, da am Schlusse der Inhaltsangabe derselben auf den Plan des Zeus hingewiesen wird, den Achill den Griechen zu entfremden, dieser in der Ilias selbst zur Ausführung gebracht werden; Proklus sagt nämlich am Schlusse der Inhaltsangabe der Cyprien: Διὸς βουλὴ ὅπως ἐπικουφίσει τοὺς Τρῶας, Ἀχιλλῆα τῆς συμμαχίας τῆς Ἑλληνικῆς ἀποστήσας. Da nun schon Athene den Achill tröstet und ihm dreifache Genugthuung für die unbillige Behandlung verspricht (I, 193 ff.), so war ein besonderes Eingreifen der Thetis gar nicht nötig; eine Vermuthung, die durch die von Zenodot nach Aristonikus versuchte Athetierung der Verse 4 und 5 nur bestätigt wird, der mit Recht annehmen mochte, dass wegen des Proömiums der Cyprien im Cyklus schon genügend auf den Hauptplan des Zeus hingewiesen sei. Ausserdem fallen durch die Tilgung jener Bitte allen bekannte Widersprüche weg. Werden die Verse 348 von αὐτὰρ Ἀχιλλεὺς an bis 430 getilgt und statt jener Worte in Anschluss an 348 sofort αὐτὰρ Ὀδυσσεὺς κτλ. eingesetzt, ferner 438—611 gleichfalls athetiert, so ist jeglicher Widerspruch im Zusammenhange beseitigt.

Diese Fehler in der Darstellung weisen darauf hin, dass wir in der ἐπαγγελία πρὸς Θέτιδα nur ein behufs Ausgleichs eingedichtetes Emblema vor uns haben, wie das oben in den Cyprien angedeutete. Dasselbe war notwendig, weil die βουλὴ Διός am Schlusse der Inhaltsangabe der Cyprien angekündigt wurde, die der Ilias dagegen wurde von Aristarch nach Loslösung der Gedichte vom Cyklus auf die Bitte der Thetis bezogen, da gar keine andere Erklärung mehr übrig blieb; im Cyklus, den Ilias und Odyssee bildeten, dagegen bezog sich die βουλὴ Διός der Ilias auf den Entschluss des Zeus, die Erde von der Last gottloser Menschen zu befreien, wie oben nach Aristoteles gezeigt wurde, und die ἐπαγγελία πρὸς Θέτιδα auf den am Schlusse der Cyprien gefassten Vorsatz des Zeus, den Trojanern Erleichterung zu verschaffen. Auch ist nicht ausser Acht zu lassen, dass Eustathius S. 750, 2 zu den Λιταί des IX. Buches, an der Stelle, wo Odysseus mit herzbewegenden Worten in Achill Mitleid mit den Leiden der

Griechen zu erregen sucht, bemerkt: οὐ λανθάνει τὸν σοφὸν Ὀδυσσέα εἰς ὅσον Ἀχιλλεὺς ἥττηται τιμῆς, ὡς τοῖς Ὁμηρίδαις ἡ ἁ ῥαψῳδία ἐδήλωσεν. Diese Worte können nur so verstanden werden, dass die Geschichte von der Briseis nicht so von Homer stamme, wie sie jetzt erzählt werde, sondern von den Homeriden. Somit weist auch dieser Umstand auf die oben angedeutete Umarbeitung des ersten Gesanges hin. Die zuletzt von Eustathius berührte Änderung könnte dann, falls sie begründet wäre, ihre Erklärung durch eine Stelle des auctor incertus τῶν Τρωϊκῶν erhalten, der sagt: τὴν μὲν Χρυσηΐδα μετὰ τῆς ἄλλης λείας εἰς μέσον παρήγαγε τὸ Ἑλληνικόν, τῷ δὲ τῆς Βρισηΐδος πόθῳ ἀνδραποδισθεὶς ὅλος αὐτὸς, σφετερίζεται ταύτην καὶ παρακρύπτει παρὰ τὴν ἰδίαν σκηνήν, ὥς τινες ἐξιστόρησαν ἐξ αὐτῆς Ὁμηρικῆς ἀφηγήσεως.[1]

Jene Aristarchische βουλή der Ilias nun wird an vielen Stellen betont. Eustathius bemerkt 20, 20, dass im Gegensatz zu anderen Erklärungen der βουλή: τινές μέντοι Διὸς βουλὴν τὴν Ἀχιλλέως ἐννοοῦσι τιμήν. Zu X, 45 sagt der Scholiast des Venet. A: ὅτι φανερῶς ὁ Ζεὺς ἐβοήθει τοῖς Ἕλλησιν πρὶν ἱκετευθῆναι ὑπὸ τῆς Θέτιδος, wie auch XII, 201: οὐ γὰρ κατὰ προαίρεσιν αὐτοὺς (τοὺς Ἕλληνας) ἰδίαν ἐμίσει, ἀλλὰ χαριζόμενος Θέτιδι[2]), ein Scholion, das in seinem ersten Teile gegen die auch von Aristarch verworfene Auslegung der βουλή Διός von der am Schlusse der Cyprien angedeuteten gerichtet ist. Das der Göttin von Zeus gegebene Versprechen wird erst VIII, 1 ff. erfüllt; ein Scholion zu VIII, 2 bemerkt: εἰκότως νῦν ἄρχεται συμμαχεῖν Τρωσὶν ὁ Ζεύς, ὁπότε τῆς παραβάσεως δίκην ἀπέτισαν Διομήδει καὶ Πάνδαρος ἀνῃρέθη καὶ Τρῶες ὡμολόγησαν τὴν παράβασιν δι' ὧν πέμπουσιν Ἰδαῖον ἀπολογούμενοι τοῖς Ἕλλησιν[3]), und zu Vers 8 heisst es: „ἐμὸν δὲ ἔπος" τὴν ἐμὴν φησὶν ἐν-

---

[1] Vergl. Cod. XXIV. biblioth. Uffenbach. ed. Henricus Maius, Halae Hermond. 1720, pag. 679.

[2] Vergl. Schol. XV, 212 und XVI, 236.

[3] Hiermit stimmt das andere aus Heraclit (cap. 35) stammende Scholion überein. Vergl. Porphyr. zu I, 524 und Schol. IV, 66, Eustath. 694, 34 f., 40 f. und 695, 28 f.

ἀγγελίαν ἣν ὑπεσχόμην Θέτιδι, Worte, die durch die Bemerkung zu 9 bestätigt werden: σπεύδει γὰρ ἐξαγαγεῖν Πάτροκλον καὶ τιμῆσαι Ἀχιλλέα,[1]) ebenso wie durch XIII, 348: „κυδαίνων Ἀχιλλῆα" τὸ „Διὸς δ' ἐτελείετο βουλή" δηλοῖ, worauf die Verse 346—349 überhaupt hinweisen.[2]) Damit ist aber gleichzeitig ausgesprochen, dass die Partie von Buch II—VII einschliesslich zu einer Episode wird, die nur äusserlich und in ganz lockerem Zusammenhange mit dem Hauptmotive steht, ja, da der Scholiast zu XI, 1 von erster Hand bemerkt: μέχρι τῶν νεῶν τοὺς Ἕλληνας συνελάσας καὶ ἐπαυλιζομένους ταῖς ναυσὶ ποιήσας τοὺς βαρβάρους, οὐκ εὐθέως τειχομαχίαν ἐποίησεν οὐδὲ τὴν ἐπὶ ταῖς ναυσὶ μάχην, ὅπερ καὶ κατὰ δόξαν ἦν τοῖς ἀκροωμένοις, ἀλλὰ πρότερον τὴν Ἀγαμέμνονος ἀριστείαν διέγραψε, καὶ μετ' αὐτὴν τὴν τῶν ἄλλων ἀριστέων, εἶτα ἐπειδὴ τοὺς ἀρίστους ἐπὶ τὰς ναῦς ἀπέστειλε τρωθέντας, τότε τοὺς Ἕλληνας ἐποίησεν ἡττωμένους, so kann man mit Recht behaupten, auch diese Aristieen gehörten nicht zur Sache, da die μῆνις nach dem Ratschlusse des Zeus Sühne, aber nicht Förderung des Ruhmes Agamemnons erheischte. Auf solche Weise häufen sich die Bedenken gegen die Einheit des Gedichtes, die doch von Aristoteles so sehr betont wird, um so mehr, da der Philosoph ausdrücklich bemerkt, „die Episoden müssten zur Sache gehören".[3]) Es bleibt demnach gar keine andere Erklärung der Einheit der Ilias übrig, als die oben erwähnte des Euklides, der auch Aristoteles huldigte, während die des Aristarch unrichtig ist. Der Philosoph behauptet[4]), Homer habe nur einen Teil jener kriegerischen Begebenheiten für seine Darstellung herausgenommen und viele der übrigen zu Episoden benutzt, wohin der Katalog und viele andere Episoden gehörten, mit denen er seine Dichtung erweitere. Es kann dann die Einheit der tragischen Handlung nicht in der μῆνις liegen,

---

[1]) Vergl. Venet. A zu XV, 212, XVI, 236; Eustath. 718, 42; 724, 12 und 725, 44, sowie XII, 203 (Porphyr.), XII, 235, Eustath. 902, 8.
[2]) Eustath. 936, 41 f.
[3]) Poetik 17, 4 f.
[4]) Poet. 23, 3.

da die grosse Episode vom 2.—7. Buche nach dem Zeugnisse der Alten nichts mit der μῆνις zu thun hat, ebensowenig wie die Aristieen Agamemnons und anderer in den späteren Büchern. Die höhere Einheit des ganzen Werkes liegt also in der βουλή Διός, die das ausführt, was nach den Cyprien Zeus mit Thetis [1]) beraten hat. Zweck des trojanischen Kriegs war, die Erde von der Last der Menschen zu erleichtern [2]). Dieser wird, wie oben bemerkt, in den Cyprien gar nicht erreicht, sondern erst in der Ilias. Jene schildern nur die früheren Vorgänge einschliesslich der Landung der Griechen, der Blokade der Stadt und der Verwüstung der umliegenden Städte bis zur Teilung der Beute: die Absicht des Zeus, den männermordenden Krieg behufs Erleichterung der Erde von der Last der Menschen zu erregen, wird also eigentlich erst durch die μῆνις des Achill erfüllt, als die Trojaner sich in die offene Feldschlacht wagen; somit bildet diese βουλή Διός die **alle Ereignisse der Ilias umfassende höhere Einheit des Werkes**, in der auch die Begebenheiten der Odyssee mit inbegriffen sein konnten, weil beide Gedichte zusammen nach Aristoteles einen Cyklus bildeten, welcher die μεγάλας τιμωρίας μεγάλων ἀδικημάτων schilderte. Ausserdem sprechen für die Zugehörigkeit der Gedichte zum grossen Cyklus einige andere Nachrichten. Sie wird vom Scholiasten zu XXIV, 804 in Übereinstimmung mit Proklus bezeugt: τινὲς γράφουσιν:

ὣς οἵ γ' ἀμφίεπον τάφον Ἕκτορος· ἦλθε δ' Ἀμαζών,
Ἄρηος θυγάτηρ μεγαλήτορος ἀνδροφόνοιο.

Von der Odyssee gilt das Gleiche, wie ebenfalls Proklus am Schlusse der Inhaltsangabe der Nosten des Agias es bestätigt. Auf die Μενελάου εἰς τὴν οἰκείαν ἀνακομιδή folgte die Odyssee, und diese beginnt mit den Worten:

ἔνθ' ἄλλοι μὲν πάντες, ὅσοι φύγον αἰπὺν ὄλεθρον
οἴκοι ἔσαν, πόλεμόν τε πεφευγότες ἠδὲ θάλασσαν κτλ..

---

[1]) Vergl. die Inhaltsangaben bei Proklus, wo Heyne willkürlich Θέτιδος in Θέμιδος geändert hat, obwohl alle Handschriften ersteres bieten, und Adam, die Odyssee und der epische Cyklus, S. 79.

[2]) Vergl. die Scholien zu I, 5, sowie Näheres: Adam, die Od. u. s. w., S. 75 ff.

wo ἔνθα nur durch die Beziehung auf die Heimkehr des Menelaus seine Erklärung findet. Überdies konnten so alle ὕβρεις der Ilias und Odyssee als ein Mittel in der Hand des Zeus erscheinen, durch die sein Ratschluss erfüllt wurde, ganz wie es Euklides will: τῷ τοὺς ἠδικηκότας ἀξίαν δοῦναι δίκην ὧν ἠδίκησαν.

Es erübrigt jetzt noch, auf die ἁμαρτίαι hinzuweisen, wie sie nach den Scholien und Eustathius betont werden, und auf die Teilnahme der den Trojanern feindlichen Göttinnen Juno und Athene.

Vor allem wird die ὕβρις Agamemnons gerügt, an der auch den übrigen Griechen Schuld gegeben wird, weil sie nicht die ungerechte Handlung des obersten Feldherrn hinderten. Deshalb heisst es Schol. Venet. A I, 299: ὡς κοινωνοὺς τῆς ὕβρεως τοὺς Ἕλληνας συμπεριείληφεν οὐκ ἐπαμύνοντας αὐτῷ στερουμένῳ τῆς δωρεᾶς[1]), während der Dichter selbst diese ὕβρις I, 244 [2]) durch Athene betonen lässt. Als Agamemnon sein Unrecht eingesteht, indem er dem Achill Genugthuung bietet, sagt der Scholiast (zu IX, 226): ὁ πρότερον ὑβρίσας ἱκέτης καθέστηκεν[3]). Ausserdem bekennt dieser offen seine Verblendung: IX, 115 ff., die Achilles aufs schärfste IX, 647 f. tadelt. Aber auch ihn selbst trifft der Vorwurf der ὕβρις, da er den demütigen Bitten der Griechen und Agamemnons in seinem Starrsinn nicht nachgibt. Der Scholiast bemerkt zu IX, 699 zum Worte ἀγήνωρ· νῦν ἐπὶ ψόγον· ὁ ἄγαν ὑβριστικὸς καὶ διὰ τῆς ἀνδρείας ὑπερπεπτωκὼς εἰς ὕβριν[4]), während er zu 449 sagt: ὅτι συγγνωστῶς ἁμαρτήσας περὶ τὴν κόρην Ἀγαμέμνων. Während aber noch XIV, 75 vom Scholiasten auf den Zorn Achills hingewiesen wird, der schuld an der Mutlosigkeit Agamemnons ist, wird zu 139 bereits betont, dass οὐ διὰ τὴν αὐτοῦ (Ἀγαμέμνονος) ἁμαρτίαν, ἀλλὰ διὰ τὴν Ἀχιλλέως

---

[1]) Vergl. die Schol. zu I, 145, 149, 299, (Eustath. 107, 8 f.)
[2]) Vergl. d. Schol.
[3]) Vergl. Schol. IX, 339, 371 und Porphyr. zu I, 407 am Ende, sowie das folgende Schol., auch das zu IX, 106.
[4]) Vergl. Schol. zu IX, 442, (ἃ τῦν ἁμαρτάνεις).

ἀφροσύνην δυστυχεῖ τὸ Ἑλληνικόν [1]). In der höchsten Not wird den Griechen Rettung durch die ἀπάτη Διός seitens der Juno und das thatkräftige Eingreifen Poseidons. Als jedoch Zeus erwacht, erklärt er in seinem Grimme, dass er vor allem des Peliden Wunsch erfüllen werde, wie er es der Thetis versprochen (XV, 72 ff.). Und so siegen denn wieder die Trojaner [2]); denn zu XVII, 321 f. bemerkt der Scholiast: ὀργιζομένου Ἀχιλλέως τιμᾶν ἤθελε Τρῶας, ὡς δι' Ἴριδος ὑπέσχετο [3]). Auf die Weigerung Achills, in den Kampf zu ziehen, die nach XVI, 36 auf ein göttliches Gebot, d. h. die Weisung der Thetis, gegründet ist, bittet Patroklus ihn in den Kampf zu schicken. Obgleich nun Achill in dieser Beziehung nachgibt, wird doch sein unerbittlicher, stolzer Sinn durch den Tod seines Freundes bestraft. Ein Scholion des Porphyrius sagt zu XVI, 647: μὴ δεόντως χρησάμενος τῇ παρὰ Διὸς δωρεᾷ αὐχεῖ· οὐ γὰρ ἀποχρῆν ἡγήσατο, εἰ μὴ τὸ πᾶν ἀπόλοιτο τῶν Ἀχαιῶν καὶ τὰς λιτὰς οὐ προσήκατο, und Eustath. 1152, 48: καὶ γὰρ τὰς λιτὰς παριδὼν ὁ Ἀχιλλεὺς δι' αὐτὸ ἄτῃ συνεσχέθη καὶ συρρεθεὶς τοῦ Πατρόκλου μεταμέλεται ἀχθόμενος οὕτω πάνυ. Indessen der erste Anlauf zum Erbarmen ist von Achill genommen. Als er das Schiff brennen sieht, drängt er selbst den Patroklus zur Eile [4]), weshalb der Scholiast sagt: μεγίστη νῦν καὶ καιρία ἡ συμφορά, ὅπου γε καὶ Ἀχιλλέα εἰς τὴν τοιαύτην μετέβαλε λύπην καὶ ἀγωνίαν, während Eustathius 1049, 60 f. bemerkt: ὅρα, ὅπως, ὅπερ λόγοι πάνυ πολλοὶ οὐκ ἴσχυσαν ἀνῦσαι παρὰ τῷ Ἀχιλλεῖ, θεὰ οἰκτρὰ ἐξετέλεσε κινήσασα ἐκεῖνον εἰς ἔλεον, καθὰ καὶ πρὸ αὐτοῦ τὸν ἑταῖρον Πάτροκλον.

Im Verlaufe der Handlung nun wird Patroklus durch Hektor erlegt, der die Waffen des Achilles sich zu eigen

---

[1] Eustath. 779, 57 ff. ἀδελφοῦ μὲν γάρ τινι φονευθέντος ἢ υἱοῦ καταπράττεται τῷ φονεῖ ἔλεος, Ἀχιλλεὺς δὲ οὐκ ἐλεεῖ τὸν βασιλέα διδόντα ποινὴν τοσαύτην ὑπὲρ μιᾶς αἰχμαλώτου τῆς Βρισηΐδος.

[2] XV, 407, 593 f., vergl. Eustath. 1022, 43, nach welchem sie βουλῇ Διός siegen.

[3] Vergl. Eustath. 1032, 19 u. 39 ff.

[4] XVI, 124 ff.

macht ¹). Darüber ist Zeus unwillig, wie sich aus XVII, 201 ff. und 450 ff. ergibt. Eustathius sagt deshalb 1102, 8: ὁ ποιητής ἐκτιθέμενος τῷ ... ἀκροατῇ παθαινομένῳ οἷα εἰκὸς ἐφ' οἷς Ἕκτωρ τὰ τοῦ Ἀχιλλέως ἄμβροτα τεύχεα ἔδυνε, πλάττει τὸν Δία λέγοντα οὕτως·

ἆ δείλ' οὐδέ τι τοι θάνατος καταθύμιός ἐστιν
ὃς δή τοι σχεδὸν εἰσι· σὺ δ' ἄμβροτα τεύχεα δύνεις κτλ.

und der Scholiast zu derselben Stelle: σχετλιάζων (ὁ Ζεὺς) ἐπὶ τῷ ἐπάρματι τῆς εὐτυχίας διδάσκει μετριάζειν ²), wobei er zur Beschwichtigung des Unwillens der Zuhörer bei 207 bemerkt: καὶ εἰ μὲν ἔμελλέ τις τῶν ἀκουόντων ἀγανακτήσειν, ὅτι χρᾶται τοῖς Ἀχιλλέως ὅπλοις, μαθὼν ὅτι οὐκ ἐπὶ πολὺ ἠλέησεν ἂν τὸν Ἕκτορα ³).

Als Hektor gefallen ist, und Patroklus begraben werden soll, erklärt Iris, sie wolle zu den Äthiopen gehen (XXIII, 106 f.), wozu Eustathius bemerkt (1296, 25): παραδηλοῖ ὡς ἀπηλλάγησαν ἤδη ἀγώνων οἱ θεοί· ὅθεν καὶ πανηγυρίζουσιν, ἐπεὶ πέρας ἡ τοῦ Διὸς εἴληφε βουλή. Also sowie die Götter beim Ausbruch des Streites zwischen Agamemnon und Achill sich in Äthiopien befanden, so können sie jetzt wieder ungestört nach Beilegung desselben dahin zurückkehren, während die ganze Zeit über die Handlung ihre lebhafteste Teilnahme in Anspruch nahm. Diese Auffassung legt die Frage nach dem Grunde des Zornes der Juno und Athene nahe, den der Dichter I, 540 ff., IV, 20 ff., besonders 27 so entschieden betont. Der Scholiast sagt zu I, 56: εὐλόγως ἐφρόντιζε τῶν Ἑλλήνων ἡ Ἥρα, ὅτι τὸ Ἄργος ὅλον ἱερὸν αὐτῆς ἄλλως τε καὶ ἦν ὑβρισθεῖσα ὑπὸ Ἀλεξάνδρου, ὡς καὶ ἡ Ἀθηνᾶ, ἐν τῇ τοῦ μήλου κρίσει. ⁴)

---

¹) Nach Eustathius 1098, 22 ff. soll auf Grund der Ansicht der Alten Hektor dem Achill durch Anlegung der von einem Gotte gefertigten Waffen ebenbürtig im Kampfe gemacht werden.

²) Vergl. Eustath. 716, 62; 749, 46: der Scholiast zu VII, 89 sagt: φιλότιμος καὶ ἀλαζὼν καὶ βαρβαροήθης ἀεὶ ὁ Ἕκτωρ χαρακτηρίζεται.

³) Vergl. Schol. XVI, 800, Eustath. 1087, 36, sowie Schol. XVI, 793.

⁴) So Eustath. 441, 18: διὰ τὴν κατὰ τοῦ Πάριδος μῆνιν.

Aristarch freilich wollte nicht zugeben, dass Homer τὴν περὶ τοῦ κάλλους κρίσιν kenne[1]). Die Stelle XXIV, 23 ff. ist aber für den richtigen Abschluss des ganzen Gedichtes notwendig.

Auch die parallel laufenden Handlungen der Ilias werden, wie oben bemerkt, in den Scholien besprochen, vor allem auch jene, welche immer wieder den Anstoss der Gelehrten erregt hat, die Stelle von Patroklus, der um eines in Kürze zu erledigenden Auftrags willen von Achill XI, 596 ff. fortgeschickt wird, aber erst XVI, 1 zurückkehrt. Aristoteles sagt in der Dichtkunst Kap. 24, 4, das Epos könne als berichtende Darstellung mehrere Teilhandlungen zugleich sich abspielen lassen, wodurch Abwechslung erzielt würde, da verschiedene Teilhandlungen und Auftritte auf einander folgten. Im Anschluss daran erklärt der Scholiast des Venet. A zu XII, 1 vom Patroklus: εἰ δὲ ἐπιμηκεστέρα γέγονεν ἡ ἐπιμέλεια, μὴ θαυμάσῃς, διαφόρους γὰρ πράξεις ἐν ἑνὶ καιρῷ θεῖναι ἀδύνατον, und zu Vers 2: ὅτι τὰ ἅμα γιγνόμενα οὐ δύναται ἅμα ἐξαγγέλλειν· ἐν ὅσῳ δὲ οὗτος ἴατο, ἐκεῖνοι ἐμάχοντο, sowie zu XI, 619: καιρὸν δίδωσιν τοῦ βαδίζειν Πατρόκλῳ καὶ τὸ διάκενον τῆς ὁδοῦ πληροῖ ταῦτα μέσον ἐνθείς. Ebenfalls in Übereinstimmung mit Aristoteles heisst es deshalb zu VI, 119: διαναπαύει τὸν ἀκροατὴν γενεαλογίας καὶ μύθους παρεμβαλών, οὐκ ἐᾷ τε κενὴν τὴν ἄφιξιν Ἕκτορος, ὅτε στρατὸς διαναπαύεται ἀφορῶν τὸ τέλος τῶν ἀριστέων[2]); auch XVIII, 148 ist darauf hingewiesen: δαιμονίως ἀναλαμβάνει ἀφ' ὧν ἀπέλιπεν· καὶ τὸ διάκενον τῆς πορείας Θέτιδος ποικίλλει ταῖς περὶ Πάτροκλον πράξεσιν.[3])

Bezüglich der Odyssee sind die Bemerkungen der Scholien dürftiger; aber es unterliegt keinem Zweifel, dass auch sie vollständig vom Standpunkt des Aristoteles aus in ästhetischer Beziehung betrachtet wurde. Wenige Andeutungen werden genügen, um diesen Nachweis zu führen. Aristoteles hatte

---

[1]) Vergl. Schol. XXIV, 23—30, Eustath. 1337, 29 ff.
[2]) Ähnlich zu 237. Vergl. Eustath. 628, 34.
[3]) Von geringerer Bedeutung sind die Bemerkungen des Scholiasten zu XV, 390 und des Eustath. 878, 54 f, wegen des langen Ausbleibens des Patroklus.

die wunderbare Einheit derselben schon gerühmt (Kap. VIII). In den Scholien finden sich nur Hinweise auf Furcht und Mitleid: zu I, 4 bei Eustath. 1382, 59; zu I, 190 vgl. Eustath. 1409, 60, I, 284, II, 61 (im append. bei Buttmann p. 739), Schol. 65 (append. p. 739), 81, 131, bei Eustath. zu II, 40 p. 1433, 1, 30 f.; Schol. IV, 111, 184 (cf. Eustath. 1491, 1 u. 13), 675, 721, 722, (vergl. Eustath. 1515, 44, 53, 59), 740; V, 25, 333, VI, 170, 173, 178, 207, 327, VII, 249, VIII, 51 (Eustath. 1586, 51), 492, 523, IX, 267, 444, 525, Eustath. zu Vers 259, S. 1628, 35 und 44 f.; X, 72, 491, Eustath. zu Vers 157, S. 1652, 55; zu XII, 258 cf. Eustath. S. 1720, 1; XIII, 1, siehe Buttm. append. p. 789; XIV, 443, XVI, 185, zu Vers 219 vergl. Eustath. S. 1800, 1; zu 387 denselben S. 1805, 38 und zu 383 S. 1805, 58; XVII, 419, XIX, 488, (Eustath. 1873, 10).

Der deus ex machina wird erwähnt zu V, 336: δαιμονίως τῷ ἐπεισοδίῳ· ἅμα γὰρ ἀρχαίαν ἱστορίαν ἐνδέδεκται ἔξω τῆς ὑποθέσεως καὶ τόπῳ ἁρμόζον πρόσωπον παρέλαβεν· ἔθος τε Ὁμήρῳ ἐν τοῖς ἐσχάτοις κινδύνοις θεῶν βοήθειαν εἰσάγειν.

Die ἁμαρτία der Freier, welche schon an und für sich klar ist, wird noch besonders von Eustathius hervorgehoben: 1446, 34 zu II, 300: σημειοῦνται ἐνταῦθα οἱ παλαιοὶ παρατηροῦντες ὡς οὔτε σπένδοντας οὔτε εὐχομένους θεοῖς Ὅμηρος τοὺς μνηστῆρας ποιεῖ. Ὀδυσσεὺς μέντοι δι' ὅλης τῆς ποιήσεως οὐ τοιοῦτος φαίνεται.

Die Episoden werden gleichfalls erwähnt, wie oben zu V, 336; Eustathius gedenkt als solcher der Erzählung von der Helena zu IV, 219 S. 1493, 16; zu XV, 222 f., wo die Geschichte des Theroklymenus erwähnt wird, bemerkt er S. 1779, 30 f.: ὁ ποιητὴς ἱστορικὸν ἐπεισόδιον τῇ αὑτοῦ ποιήσει ἐγκατατίθεται. Ebenso bezeichnet er den Kampf des Iros mit Odysseus XVIII, 1—116 als solches S. 1837, 5 ff., auch die Geschichte von der Eberjagd des Odysseus, welche nach Aristoteles[1]) VIII, 3 nicht im Texte stand, ist ihm eine solche, S. 1870.

---

[1]) Vergl. dagegen Susemihl, Aristot. Poet. Anm. 82.

Damit ist die Lehre der Alten von der Ilias und Odyssee jedoch noch nicht erschöpft. Aristoteles erklärt an zwei Stellen[2]), die Homerischen Gedichte bildeten einen Cyklus. Auch diese Behauptung wird durch die Scholien und Eustathius bestätigt. Sie ergibt sich aber auch aus einer anderen Erwägung. Galten, wie oben gezeigt, die Worte der Ilias $\varDelta\iota\grave{o}\varsigma$ δ' $\dot{\varepsilon}\tau\varepsilon\lambda\varepsilon\acute{\iota}\varepsilon\tau o$ $\beta ov\lambda\acute{\eta}$ von der Absicht des Zeus, die Erde von der Last der Menschen zu erleichtern, und bildeten sie so die höhere Einheit der Ilias, die auch andere, nicht zur $\mu\tilde{\eta}\nu\iota\varsigma$ gehörige Stücke des Kriegs umfasste, so vermochten sie auch die Odyssee mit in ihr Bereich zu ziehen, da auch dort die Frevler bestraft werden, und mancher den frühen Tod erleidet, ebenso gut, wie unter dieser einheitlichen Idee die Bücher der Ilias II—VII einschliesslich erklärlich werden; nur so wird ein Zusammenhang zwischen beiden Werken hergestellt, der auf einheitlicher Grundlage ruht. Diese Idee widersprach aber auch nicht den Cyprien, wie wir oben gezeigt haben, da die in diesen ausgesprochene Absicht erst durch Ilias und Odyssee erfüllt wird. Weil aber die Gedichte des Cyklus überarbeitet wurden, um die $\dot{\alpha}\kappa o\lambda ov\vartheta\acute{\iota}\alpha$ $\tau\tilde{\omega}\nu$ $\pi\rho\alpha\gamma\mu\acute{\alpha}\tau\omega\nu$ herzustellen, so verfielen auch Ilias und Odyssee diesem Lose, und es ist wahrscheinlich, dass beide behufs Aufnahme in den Cyklus gerade sowie die übrigen Gedichte gekürzt und dann überarbeitet wurden, indem man nicht nur die Homerische $\mu\tilde{\eta}\nu\iota\varsigma$ des Achilles benutzte, welche der Absicht des Zeus dem Schlusse der Cyprien gemäss entsprach, sondern auch die Verse 4 u. 5 im Proömium einfügte, um die Gesamtheit der Ereignisse der Ilias und Odyssee als von dem Hauptplan des Zeus abhängig bezeichnen und so einen Cyklus des trojanischen Krieges, der lediglich aus beiden Homerischen Gedichten bestand, herstellen zu können. Damit sind wir zu der eigentlichen Auffassung des Aristoteles und der älteren Griechen gelangt, die erst schwand, als Aristarch jene $\beta ov\lambda\grave{\eta}$ $\varDelta\iota\acute{o}\varsigma$ auf die Bitte der Thetis zu beziehen anfing. Freilich bleibt es immer-

---

[1]) Analyt. post. I, 12, 10. (Vergl. Fr. Osann „Über die cyklischen Dichter der Griechen", Hermes 31, 2, p. 185 ff.) und de sophist. elench. I, 10, 2. Vergl. dazu Adam, die Odyssee und der epische Cyklus S. 108 f.

hin auffallend, dass in diesem Homerischen Cyklus die βουλή ganz selbstverständlich auf die μῆνις Gaeas bezogen wurde, während in dem durch die Cyprien eingeleiteten grösseren trojanischen Cyklus diese hervorgehoben wird. Doch ergibt sich aus den in meiner Arbeit vom Jahre 1880 entwickelten Thatsachen [1]), dass in den alten epischen Gedichten überhaupt die βουλὴ Διός stets auf der μῆνις Gaeas beruhte, und Zeus nur verschiedener Götter sich zur Ausführung seiner Pläne bediente, wie z. B. des Momos, der Thetis, es also nicht auffallen konnte, wenn man auch im Anfange der Ilias die βουλή von jenem Hauptplane des Zeus, die Menschen zu züchtigen, verstand.

Im Altertum herrschte abgesehen von Aristarch lediglich die Ansicht von der Zusammengehörigkeit der beiden Gedichte, wie sie auch von Aristoteles vertreten wurde. So sagt z. B. Eustathius, der stets nur aus den Alten seine Bemerkungen schöpft, 1184, 58 zu XIX, 58: σημείωσαι καὶ ἐνταῦθα, ὅπως ὁ ποιητὴς ἀφορμὰς εὑρίσκει τοῦ παρεμβάλλειν ἱστορίας τῇ ποιήσει καὶ τὸ ἐλλεῖπαν ἀναπληροῦν, κἂν ἀπὸ τοῦ δεκάτου ἔτους ἤρξατο. (cf. 1198, 38 f.). Es darf uns daher nicht Wunder nehmen, dass der Scholiast zu XXIV, 804 bemerkt: καλῶς ἐταμιεύσατο ἑαυτῷ τὰ λοιπὰ τῶν ζητημάτων εἰς τὴν Ὀδύσσειαν· μικρὰ γὰρ ἦν ἡ ὑπόθεσις περὶ τῆς οἰκίας τοῦ Ὀδυσσέως μόνον. ἐν τῷ μέσῳ οὖν τὰ περὶ τοῦ ἀπόπλου διέξεισι καὶ τοῦ δουρείου ἵππου. Aus diesem Grunde erklärt auch Eustathius in seiner Einleitung zur Odyssee 1380, 6 f.: ἀναπληροῖ δέ πως καὶ τὴν Ἰλιάδα ἡ βίβλος αὕτη· ἃ γὰρ ὁ ποιητὴς ἐκεῖ ἐνέλιπεν, ἐνταῦθα προςανεπλήρωσε κτλ., und der Scholiast sagt zu I, 284, Telemach reise: ὅπως ἂν τῶν Ἰλιακῶν ἐν παρεκβάσεσι πολλὰ λεχθείη διά τε τοῦ Νέστορος καὶ τοῦ Μενελάου. Zum Vers 103 ff. des 3. Buches, wo Nestor von den Leiden vor Troja, der Rückkehr der Helden und der That des Orestes spricht, heisst es beim Scholiasten: εὐκαίρως ἀναπληροῖ τὰ λελειμμένα τῇ Ἰλιακῇ ὑποθέσει. Solcher Stellen gibt es noch mehrere. Man vergleiche nur Eustath. 1459, 24 zu III, 108, Schol. III, 248,

---

[1]) S. 98 ff.

IV, 69; zu IV, 187 heisst es sogar: *τὰ ἐν Ἰλιάδι παραλειφ-θέντα διὰ τῆς Ὀδυσσείας ὡς μιᾶς οὔσης τῆς πραγματείας παραδίδωσιν.* Vergleiche ferner: Schol. IV, 244, Eustathius zu XI, 225, S. 1680, 34, Schol. XXIV, 1. Manches wird auch nur andeutungsweise erwähnt, vergl. z. B. Schol. XXII, 62: *μὴ γράψας τὴν Ἰλίου πόρθησιν ὅμως ἐδήλωσεν αὐτῆς τὰ πα-θήματα.* Dass in der That die Freignisse des trojanischen Krieges möglichst vollständig in den beiden Gedichten zur Verwendung gelangten, um den Cyklus herzustellen, ist schon früher gezeigt worden [1]). Oben wurde erwähnt, dass der Scholiast zu Od. IV, 187 Ilias und Odyssee als ein einziges Ganze bezeichne; andere Stellen dienen zur Bestätigung. Bei Lib. 32, Digest. L. 52, § 2 heisst es: si Homeri corpus sit legatum; auch nennt Ausonius epistol. XVIII, 29 das corpus sacri Homeri, und Eustathius berichtet S. 6, 23: *οἱ πλείους τῶν παλαιῶν τὴν τε ὅλην Ὁμηρικὴν ποίησιν ῥαψῳδίαν λέγουσι καὶ ῥαψῳδοὺς τοὺς αὐτὴν ᾄδοντας,* ebenso Fulgentius de expositione Vergilian. continent.[2]): sunt qui *ῥαψῳδίαν* proprie dictam putent Homeri Poesin in unum quasi corpus consutam, cum antea eius membra divulsa quibusdam circulatoribus poetis recitarentur. Auch nennt Lucian *νεκρικοί διάλογ.* XX, 2 die Homerischen Gedichte einfach Rhapsodieen.

Wichtig endlich ist noch der Umstand, dass ein grösseres Gedicht vom trojanischen Kriege cyklischen Inhalts in der Odyssee selbst angedeutet ist. Demodokos singt VIII, 75 *νεῖκος Ὀδυσσῆος καὶ Ἀχιλλῆος,* einen Teil des Epos, das *οἴμη* genannt wird, und nach 489 f. auch: *Ἀχαιῶν οἶτον, ὅσσ' ἔρξαν τ' ἔπαθόν τε καὶ ὅσσ' ἐμόγησαν Ἀχαιοί,* sowie noch nach 578: *Ἀργείων Δαναῶν ἠδ' Ἰλίου οἶτον,* auf die spezielle Bitte des Odysseus hin: *ἵππον κόσμον ἄεισον* mit Übergehung anderer Partien, wie es 493 und 500 f angedeutet wird:

ἀλλ' ἄγε δὴ μετάβηθι und *φαῖνε δ' ἀοιδήν
ἔνθεν ἑλών, ὡς οἱ μὲν ἐϋσσέλμων ἐπὶ νηῶν
βάντες ἀπέπλειον, πῦρ ἐν κλισίῃσι βαλόντες,*

---

[1]) Adam, die Odyssee und der epische Cyklus, S. 110 ff.
[2]) Mythogr. Lat. cur. Staveren 1742, S. 755.

und endlich die Zerstörung Ilions, 524 f.:

ἤειδεν δ' ὡς ἄστυ διέπραθον υἷες Ἀχαιῶν
ἱππόθεν ἐκχύμενοι.

Damit ist aber eine ganze, vollständige Ilias angedeutet, welche nicht in der von Aristoteles verlangten dramatischen Weise, sondern in ganz natürlicher, chronologischer Folge die Thaten der Helden vor Troja besang. An sie reiht sich der νόστος Ἀχαιῶν 1, 326, 350, eine ἀοιδή, ἥ τις ἀκουόντεσσι νεωτάτη ἀμφιπέληται, und welche von Phemios vorgetragen wird. Der Dichter selbst gibt uns den Inhalt dieser Nosten in den bekannten Stücken des III. und IV. Buches der Odyssee. Phemios kennt aber ausser den Nosten noch: πολλὰ ἄλλα θελκτήρια, ἔργ' ἀνδρῶν τε θεῶν τε, τά τε κλείουσιν ἀοιδοί (1, 337 f.), und erklärt XXII, 345:

αὐτοδίδακτος δ' εἰμί, θεὸς δέ μοι ἐν φρεσὶν οἴμας
παντοίας ἐνέφυσεν.

Diese οἴμη nun, welche Demodokos kennt, wird von Hesychius ebenso wie οἶμος mit κύκλος erklärt, von Apollonius Sophista in seinem Lexikon mit ᾠδή, ὅθεν κυρίως προοίμιον τὸ πρὸ τῆς οἴμης. Dass die Erklärung bei Hesychius mit unserer obigen Darstellung, wonach Demodokos den ganzen Umfang des trojanischen Krieges nach einem Gedichte kannte, das als Cyklus desselben bezeichnet werden konnte, stimmt, ist leicht ersichtlich. Doch hören wir die alten Erklärer! Der Scholiast bestimmt zu VIII, 74 οἴμης durch τραγῳδίας ἢ ᾠδῆς, διηγήσεως [1]), Eustathius versteht darunter: τὴν εἰρημένην Τρωικὴν οἴμην (1586, 51 ff.) und deutet damit auch seinerseits auf den trojanischen Cyklus hin. Denn er bemerkt ferner zu VIII, 517, (S. 1607, 49): Δημόδοκος μὲν γὰρ πλατεῖαν ἐκθέσθαι δοκεῖ ἀοιδήν, Ὅμηρος δὲ ὡς ἐν τόπῳ παρεκβολῆς τὴν μακρὰν ῥῆσιν εἰς βραχυτέραν συντελεῖν· ἐνέργει γοῦν ὁ ποιητὴς ἔχει ἐκ τούτων ὕλην πολλὴν ποιήσεως, und sagt S. 1608, 3 ff. [2]): ὅτι τὸ ἔνθεν ἑλὼν ἄλλο πλάτος γραφῆς εἶναι δηλοῖ πρὸ τῆς ἀοιδῆς τοῦ Δημοδόκου... ἔνθεν ἑλών, τουτέστιν ἐάσας μὲν ἄλλα.

---
[1]) Vergl. Eustath. 1584, 51 und 1586, 44.
[2]) Vergl. Odyss. VIII. 500.

Bestätigt und bekräftigt wird nun die Existenz eines solchen trojanischen Cyklus vor der Zeit, in welcher die Odyssee gedichtet wurde, dadurch, dass so allein manche Stellen dieses Gedichtes verständlich werden; so z. B., dass es bekannt ist, Antiphos, des Ägyptios Sohn, sei vom Cyklopen verzehrt worden (II, 10), die Freier hätten etwas vom Tode des Odysseus gehört (II, 96, 182). Dazu bemerkt der Scholiast zu I, 340, Penelope befürchte, wenn Phemios vom Tode des Odysseus singe, würden die Freier noch viel zudringlicher werden. Er erklärt ἀοιδῆς dahin, dass das Wort bedeute: τῆς τῶν Ἀχαιῶν ὑποστροφῆς καὶ τῆς τοῦ Ὀδυσσέως πλάνης, gewiss ein deutlicher Hinweis darauf, dass solche Gesänge schon vor Abfassung der Odyssee existierten. Andere Stellen, wie VIII, 444, wo Arete den Odysseus an seinen verhängnisvollen Schlaf erinnert, von dem er ihr aber nichts erzählt hat, sowie 448, wo der künstliche Knoten erwähnt wird, den ihn Circe zu machen gelehrt, und die Erwähnung der Brüder der Calypso können eben dadurch erklärt werden.

Endlich ist es für unsere Auffassung nicht ohne Interesse zu hören, dass VIII, 470 ff. sogar auf eine besondere Sängerschule (φῦλον ἀοιδῶν) hingewiesen wird.

Angesichts solcher Thatsachen nun, wonach nicht nur ein κύκλος des trojanischen Krieges in chronologischer Folge der Begebenheiten vor der Abfassung der dramatisch angelegten Odyssee vorhanden und eine Sängerschule bekannt war, sondern auch Ilias und Odyssee zusammen einen κύκλος jenes Krieges bildeten, während sie einzeln betrachtet, auf dramatischer Grundlage ruhend durch Erregung von Furcht und Mitleid, durch Vorführung von Schuld und Sühne wie eine Tragödie wirkten und so nicht nur eine Katharsis erzeugten, sondern überhaupt belehrend, bildend und sittlich fördernd die Griechen beeinflussten: lässt es sich leicht erklären, dass gerade wegen dieser hohen pädagogischen Bedeutung der Gedichte die kleinen Widersprüche gerne übersehen wurden, an denen wir uns so leicht stossen. Die Griechen der ältesten Zeit hatten nur ihren Homer, während wir bei dem Reichtum unserer Bildungsmittel uns kaum in in eine solche Zeit zurückzudenken vermögen. Gerne dürfen wir unter solchen Erwägungen von diesem Standpunkte aus das Urteil Susemihls in seiner Einleitung zur Poetik noch erweitern. Er sagt: „das poetische Verdienst jener beiden grossen Kompositionen auch als Ganzes, unbeschadet aller gerechten Ausstellungen, welchen sie als solche Raum geben, dürfte denn doch ungleich höher anzuschlagen sein, als es gegenwärtig meistens zu geschehen pflegt." Ja gewiss!, das poetische Verdienst und in erster Linie das pädagogische; denn Homer war für den Griechen die Bibel des heidnischen Griechenland.

Indem nun so der Versuch gemacht wurde, die Ansichten des Aristoteles durch die Scholien und Eustathius in noch helleres Licht zu setzen und zu ergänzen, fanden wir, dass die ästhetischen Bemerkungen der letzteren nicht nur jenen zur Bestätigung dienten, sondern auch, dass die Alten eine andere Auffassung von den Gedichten hatten wie wir, besonders von jener $βουλή$ $Διός$, die im Homerischen Cyklus verständlich, das ganze Werk, Ilias und Odyssee umfasste, während beide Gedichte vom Cyklus losgelöst, einer anderen Motivierung jener $βουλή$ bedurften, die nach der Auffassung Aristarchs in der in die Ilias behufs Ausgleichs später hineingedichteten „Bitte der Thetis" ihren notwendigen Ausdruck fand, obwohl diese wesentliche Bestandteile des Epos gar nicht mehr umfasste, geschweige denn dass eine solche Auffassung imstande gewesen wäre, die Zusammengehörigkeit von Ilias und Odyssee zu begründen. Mit dem Wegfall der Thetisscene und der in ihrem Gefolge befindlichen Stücke nähern wir uns der ursprünglichen Ilias, ehe sie dem Cyklus einverleibt wurde, um ein Bedeutendes. Das Eingreifen der Thetis war nicht nötig, da bereits Athene dem Achilles Ersatz und Genugthuung versprochen hatte. Doch liegen solche Erwägungen unserer Aufgabe zu fern; sie drängen sich nur als das unmittelbare Ergebnis der Ansicht des Altertums von den Gedichten uns auf.

Da nun Aristoteles seine Theorie vom Epos von den Homerischen Gedichten abstrahiert hat, so liegt die Frage nahe, ob es denn auch schon in den älteren Zeiten Dichter gegeben hat, die in dem Geiste Homers ihre Epen anlegten, d. h. im Gegensatze zu jenen chronologisch verlaufenden Theseiden, Herakleiden etc. eine Handlung von hervorragendem Interesse aus des Helden Leben herausnahmen und die übrigen zu Episoden verwendeten, insoweit sie von der Einheit einer Idee getragen zum Ganzen gehörten. Die Homerischen Gedichte nämlich sind um so auffallender gebaut, als, wie wir oben sahen, in der Odyssee eines Gedichtes vom trojanischen Kriege gedacht wird, das ebenso beschaffen war, wie jene von Aristoteles getadelten, um die Einheit der Person oder der Zeit sich gruppierenden Gedichte von Herkules oder Theseus[1]). Jener bemerkt nun Kap. XXIII, 2: σχεδὸν δὲ οἱ πολλοὶ τῶν ποιητῶν τοῦτο δρῶσιν, d. h. fast alle begnügen sich mit der Einheit der Person oder Zeit. Es scheinen also nicht gerade alle es so gemacht zu haben, sondern Homer muss wie ihn in der Darstellung seiner Geschichte Herodot nachgeahmt hat, so auch im Epos Nachahmer gehabt haben. Dass Herodots Geschichtswerk eine Epopoe in Prosa darstellt, ist bekannt[2]). Ein Hauptfaden durchzieht das Ganze: der Zwist der Hellenen und Barbaren, der vom Uranfange an bis auf die Schlachten von Plataä und Mykale herab erzählt wird. In diese Haupthandlung verwebt er in zahlreichen Episoden die Geschichte der einzelnen Völker und weist darauf hin, wie die Niederlage der Perser eine Folge der ὕβρις ihrer weltstürmenden Könige war (VII, 56). Es wäre nun auffallend, wenn kein Epiker aufgetreten wäre, der nach dem Vorbilde Homers gearbeitet hätte. Leider sind wir in dieser Beziehung schlecht durch die Alten unterrichtet. Ob Chörilus, der Freund und Zeitgenosse Herodots, seine Persica im Geiste Homers und nach dem Geschichtswerke seines Freundes angelegt hatte? Nach Suidas, der von ihm sagt: ἔγραψε ... τὴν Ἀθηναίων νίκην κατὰ Ξέρξου, scheint er diesen Sieg bei Salamis besonders in seinem Epos gefeiert zu haben. In demselben hatte er auch einen Katalog über die Streitkräfte des Xerxes

---

[1]) Poet. Kap. VIII und XXIII.
[2]) Vergl. Böttiger, opusc., p. 182 ff.

angebracht, wie sich aus den Fragmenten 2, 3 und 4 [1]), sowie besonders aus Josephus gegen Apion I, 22, p. 454 ergibt, der sagt: καταριθμησάμενος γὰρ πάντα τὰ ἔθνη τελευταῖον καὶ τὸ ἡμέτερον ἐνέταξε κτλ. Eher vermögen wir schon über Panyassis zu urteilen, dessen Herakleia in 14 Büchern mit 9000 Versen bei Suidas angeführt und von dem gesagt wird: σβεσθεῖσαν τὴν ποιητικὴν ἐπανήγαγεν. Quintilian stellt ihn X, 1, 52 ff. dem Hesiod und Antimachus entgegen: jener begann seine Eöen ab ovo wie natürlich; auch Antimachus ahmte nicht den Homer nach, sondern begann gleichfalls ab ovo, ut viginti quattuor volumina impleverit, antequam septem duces usque ad Thebas perduceret [2]). Im 5. Buche erzählte er erst die Vorbereitungen der Sieben zum Zuge gegen Theben. Ebenso verfuhr er in der Elegie Lyde, einem wahren Archiv aller möglichen Liebesgeschichten. Mit Recht bemerkt Bernhardy von letzterem (Gesch. d. gr. Litt. II, 1, 3. Bearb., S. 342 ff.): „Mehr als das schärfste Wort der Kritik besagt die Thatsache, dass Agatharchides einen Auszug schrieb." So hatte auch Phayllus von dem epischen Cyklus einen Auszug [3]) angefertigt; Callimachus nennt jenes Gedicht spottend καὶ ταχὺ γράμμα καὶ οὐ τορόν [4]). Weil er nun die chronologische Folge der Begebenheiten festhielt, sagt von ihm Quintilian: et affectibus et iucunditate et dispositione et omnino arte deficitur. Ihnen, dem Hesiod und dem Antimachus stellt er den Panyassis gegenüber: Panyassin ex utroque mixtum putant in eloquendo neutriusque aequare virtutes, alterum tamen ab eo materia, alterum disponendi ratione superari. Denn er begann nicht mit der Geburt des Herkules und dessen Jugendzeit, sondern schilderte sofort im ersten Buche die Bekämpfung des nemeischen Löwen, führte also trotz der Grösse des Gedichtes die Leser von vornherein in medias res; im ersten

---

[1]) G. Kinkel, Epicor. Graec. fragm., S. 267 f.
[2]) Vergl. Acron ad Horat. ars poet., 146 und Porphyrion ebenda. Cic. Brut. 51. Plutarch, de garrulit., p. 513 A. Luc. Conscript. hist. 57. Catull 95 (tumido Antimacho).
[3]) Photius biblioth. C. 213, cf. Aristot. Rhetor. III, 16.
[4]) Fragm. 441.

Buche war auch das Abenteuer von der Aufsuchung der Hesperidenäpfel erzählt [1]). Ebenso wurden ausser den 12 ἆθλοι auch seine übrigen Erlebnisse bis zum Tode des Helden berichtet [2]). Wie aber die übrige Anlage des Gedichtes beschaffen war, ob es eine einheitliche Handlung zur Grundlage hatte, in welche die anderen Abenteuer als Episoden eingewoben waren, wie es Aristoteles verlangt, ist sehr zweifelhaft. Panyassis hatte alle Abenteuer des Herkules bis zu seinem Tode erzählt [3]). Gerade wegen der trefflichen Anlage seiner Epen rühmt Quintilian den Homer X, 1, 50: Quid? in verbis, sententiis, figuris, dispositione totius operis nonne humani ingenii modum excedit? Und da er nun auch von Panyassis sagt, dass er den Antimachus disponendi ratione übertreffe, so liegt wenigstens die Vermutung nahe, dass er seine Heraklee in ähnlicher Weise angelegt haben könnte. Endlich lobt Quintilian noch besonders den Pisander (§ 56): Quid? Herculis acta non bene Pisandros? Er wurde nach Homer und Hesiod gestellt; seine Herakleia umfasste nur zwei Bücher; er hatte sich wahrscheinlich auf die ἆθλοι beschränkt. Ihn rühmt Theokrit in einem Epigramm auf die Statue des Dichters [4]):

τὸν τοῦ Ζανὸς ὅδ' ὕμμιν υἱὸν ὡ 'νήρ,
τὸν λεοντομάχαν, τὸν ὀξύχειρα
πρῶτον τῶν ἐπάνωθε μουσοποιῶν
Πείσανδρος συνέγραψεν ὁ 'κ Καμείρου,
χὥσσους ἐξεπόνασεν εἶπ' ἀέθλους.

Nach diesem Epigramm hatte sich in der That Pisander auf die zwölf Arbeiten beschränkt und den unmässig grossen Gedichten früherer Epiker gegenüber eine weise Mässigung gezeigt. Ist dies Epigramm von Theokrit, so ist es zugleich eine Bestätigung dafür, dass er den grossen epischen Dich-

---

[1]) Vergl. Fragm. 1, 2 und 7 bei Kinkel, sowie Ps.-Eratosth. Cataster 12 (Λέων).
[2]) Pausan. IX, 11, 2.
[3]) Vergl. Fragm. 4, 17, 22 bei Kinkel.
[4]) Fr. Jacobs, Anthol. Graeca, I, p. 200 f., Epigr. 19.

tungen abhold war, wie sich dies ganz deutlich aus einer Stelle seiner eigenen Gedichte ergibt.

Schon Aristoteles nämlich hatte in seiner Poetik den Grundsatz aufgestellt, dass das Schöne nicht jede beliebige Grösse und Ausdehnung haben dürfe [1]. So wie bei allen körperlichen Gebilden, wenn diese schön sein sollten, eine gewisse Grösse nötig sei, die aber andrerseits noch eine wohlübersichtliche sein müsse, so sei auch bei den tragischen Fabeln eine gewisse Grösse vonnöten, diese müsse aber eine wohlbehaltbare sein [2]. Deshalb wird gerade mit Beziehung auf diese Bestimmung es getadelt, dass Ilias und Odyssee zu lang wären. Denn er sagt 24, 5: δύνασθαι γὰρ δεῖ συνορᾶσθαι τὴν ἀρχὴν καὶ τὸ τέλος, (εἴη δ' ἂν τοῦτο, εἰ τῶν μὲν ἀρχαίων ἐλάττους αἱ συστάσεις εἶεν). Diese alten Dichtungen sind aber gerade die Homerischen [3]. Eine solche Beschränkung in der Ausdehnung des Epos hatten sich aber, wie wir oben sahen, schon einige Dichter von selbst auferlegt, indem sie nicht ab ovo begannen. In den späteren Zeiten lehnte man sich allmählich gegen derartige Gedichte überhaupt auf. Einer der ersten, welcher dies that, war Theokrit. Dieser hatte in seiner 7. Idylle, Vers 45 ff. erklärt:

ὥς μοι καὶ τέκτων μέγ' ἀπέχθεται, ὅστις ἐρευνῇ
ἴσον ὄρευς κορυφᾷ τελέσαι δόμον Εὐρυμέδοντος,
καὶ Μοισᾶν ὄρνιχες, ὅσοι ποτὶ Χῖον ἀοιδὸν
ἀντία κοκκύζοντες ἐτώσια μοχθίζοντι.
Ἀλλ' ἄγε βουκολικᾶς ταχέως ἀρχώμεθ' ἀοιδᾶς.

Wie die gewaltigen Bauten dem Dichter verhasst sind, so sind es auch die epischen Dichter, die mit Homer in langen Gedichten wetteifern. Er will sich lieber mit dem Hirtengedichte begnügen. Freilich will Gerhard [4] mit Weichert [5] in diesen Worten einen Angriff auf die Argonautika des Apollonius sehen. Der Dichter spricht aber offenbar ganz

---

[1] Poet. Kap. VII, 4.
[2] Poet. VII, 5.
[3] Vergl. Susemihl, Anm. 292.
[4] Lection. Apollonian. pag. 5.
[5] De vita Apoll. p. 59.

allgemein[1]), wie sich schon aus dem Gegensatze zwischen dem epischen und bukolischen Gedichte ergibt. Eine ähnliche Ansicht äussert in späterer Zeit Antipater aus Sidon[2]). Nachdem er betont hat, dass Erinna nur wenige und kleine Gedichte gemacht habe, und dass seine und der übrigen Neueren Werke der Vergessenheit anheim fallen würden, sagt er zum Schlusse:

λώϊτερος κύκνου μικρὸς θρόος ἠὲ κολοιῶν
κρωγμὸς ἐν εἰαριναῖς κιδνάμενος νεφέλαις,

eine Stelle, die Lucretius nachgeahmt hat[3]):

Parvus ut est cycni melior canor ille gruum quam
Clamor in aetheriis dispersus nubibus austri.

Überhaupt waren bei den Griechen die epischen Gedichte schon vor den Perserkriegen mehr in den Hintergrund getreten; die Lyrik und besonders die Elegie traten in den Vordergrund, die Tragödie war zur Blüte gelangt, und sie sprach die Wahrheiten in weit kürzerer Fassung aus, die Homer in seinen Epen predigte. In der Elegie zeichneten sich Kallinos, Tyrtäus, Solon, Theognis sowie Archilochus, Mimnermos, Simonides aus. Und die sympotische, erotische und threnetische Elegie fand besonders ihre Nachahmer bei den Alexandrinern. Andrerseits war auch das Lehrgedicht schon früher angebaut worden; Xenophanes und Parmenides hatten solche περὶ φύσεως geschrieben, Empedokles seine naturwissenschaftlichen und ethischen Ansichten in gebundener Form vorgetragen. Freilich will von solchen Didaktikern ein Aristoteles nichts wissen[4]); sie haben nach ihm mit Homer nur das Metrum gemein. So finden wir ferner, dass Philetas und Hermesianax sich der Elegie widmeten, Aratus und Alexander Ätolus Φαινόμενα dichteten, schon ehe Kallimachus den Kampf gegen des Apollonius Argonautika begann. Nimmt man dazu, was Theokrit in dem oben angeführten Epigramm über die epischen Gedichte im Gegensatze zu den bukolischen sagt, so

---

[1]) Vgl. Prolegomena in Apollon. Argonautica ed. H. Keil, p. XXV.
[2]) Anthol. Gr. ed. Fr. Jacobs II, S. 18. Epigr. 47.
[3]) De rerum nat. IV. 182. Vergl. Propert. II, 34. 83 f., Vergil. Eclog. IX, 35.
[4]) Poet. 1.

sieht man die Abneigung gegen das Epos im altertümlichen Sinne nur bestätigt. Zu einem förmlichen Grundsatze und einer Schulmeinung nun wurde die Ansicht des Aristoteles, dass die Homerischen Gedichte kürzer sein könnten, erst durch Kallimachus insofern erhoben, als er gegen lange, epische Gedichte überhaupt eiferte. Von ihm sagt Hecker: Epicorum Graecorum nemo, uno Homero excepto, tantam apud posteros nominis celebritatem adeptus est, quantam Callimachus[1]). Seine Schüler sind Apollonius, Eratosthenes, Nikander, Oppian, Catull, Tibull, Ovid, Propertius, Vergilius und andere mehr. Er vor allen hat den Aristotelischen Gedanken, der Geschmacksrichtung seiner Zeit folgend, aufgenommen und verlangt, dass, wenn jemand epische Gedichte mache, er besonders die nötige, übersichtliche Kürze im Auge behalten und eine actio primaria aus der Reihenfolge der Begebenheiten sich in Homerischer Weise auswählen solle. Nach dem Vorgange Theokrits und der übrigen Dichter, die sich mit enger begrenzten Gegenständen, als sie das heroische Epos zu bieten vermochte, bei ihrem Sange begnügt hatten, musste es ihm leichter werden, eine solche Forderung für das Epos gegenüber den ab ovo beginnenden Epikern, zumal als Vorsteher der alexandrinischen Bibliothek (260—230), durchzusetzen. Mit Recht sagt aber auch Bernhardy andrerseits: „Man scheute sich im Epos kyklographisch eine Kette von Mythen zusammenzustellen oder eine Folge von Handlungen aus mannigfaltigen Charakteren dramatisch zu entwickeln. Man zog Beschränkung auf begrenzte Felder, kleine Erlebnisse des Gemütslebens, populäre Gelehrsamkeit, Genrebilder aus Antiquitäten und Mythen in zierlichem Rahmen vor".[2])

Er war es, der zuerst das geflügelte Wort aussprach: $\mu\acute{\varepsilon}\gamma\alpha$ $\beta\iota\beta\lambda\acute{\iota}ον$ $\mu\acute{\varepsilon}\gamma\alpha$ $\kappa\alpha\kappa\acute{o}\nu$.[3]) Dass diese Äusserung auf den Umfang von Gedichten besonders epischen Charakters sich beziehe, ergibt sich klar aus anderen Urteilen ebendesselben Mannes. In seinem Hymnus auf den Apollo sagt er[4]):

---

[1]) Commentat. Callimachear. cap. duo p. 79.
[2]) Griech. Litteraturgesch. II, 2, zweite Bearb. S. 701.
[3]) Athenaeus III, 72: $K\alpha\lambda\lambda\acute{\iota}\mu\alpha\chi ο\varsigma$ $\acute{o}$ $\gamma\varrho\alpha\mu\mu\alpha\tau\iota\kappa\acute{o}\varsigma$ $\tau\grave{o}$ $\mu\acute{\varepsilon}\gamma\alpha$ $\beta\iota\beta\lambda\acute{\iota}ον$ $\acute{\iota}σον$ $\acute{\varepsilon}\lambda\varepsilon\gamma\varepsilon\nu$ $ε\acute{\iota}ν\alpha\iota$ $τ\tilde{\wp}$ $\mu\varepsilon\gamma\acute{\alpha}\lambda\wp$ $\kappa\alpha\kappa\tilde{\wp}$.
[4]) Vers 105 ff.

ὁ φθόνος Ἀπόλλωνος ἐπ' οὔατα λάθριος εἶπεν·
Οὐκ ἄγαμαι τὸν ἀοιδόν, ὃσ' οὐδ' ὅσα πόντος ἀείδει.
Τὸν φθόνον ὡ' Ἀπόλλων ποδί τ' ἤλασεν, ὧδέ τ' εἶπεν·
Ἀσσυρίου ποταμοῖο μέγας ῥόος, ἀλλὰ τὰ πολλὰ
λύματα γῆς καὶ πολλὸν ἐφ' ὕδατι συρφετὸν ἕλκει.
Δηοῖ δ' οὐκ ἀπὸ παντὸς ὕδωρ φορέουσι Μέλισσαι,
Ἀλλ' ἥτις καθαρή τε καὶ ἀχράαντος ἀνέρπει
Πίδακος ἐξ ἱερῆς ὀλίγη λιβὰς, ἄκρον ἄωτον [1]).
Χαῖρε, ἄναξ, ὁ δὲ Μῶμος, ἵν' ὁ Φθόρος ἔνθα νέοιτο.

Der Neid lobt nur den Dichter, der wie des Meeres Wogen dahin braust, aber Apollo will nichts davon wissen; denn solch grosse Ströme führen auch genug Schlamm und Schilf mit sich, die zu nichts taugen. Nicht aus jeglichem Born füllt Deos Kelch die Melisse, sondern dem kleinsten der Bäche, der rein und heller wie Spiegel seinem Quell entrieselt, entschöpft sie die Silberkrystalle Der Scholiast bemerkt zur Stelle: ἐγκαλεῖ διὰ τοῦτο τοὺς σκώπτοντας αὐτὸν μὴ δύνασθαι ποιῆσαι μέγα ποίημα, ὅθεν ἠναγκάσθη ποιῆσαι τὴν Ἑκάλην, und Ernesti sagt in seiner Ausgabe: „Ponto nempe comparabat Apollonius Rhodius poema, quale volebat credi suum, quod scripserat, Argonauticon. Alludens simul ad nomen Ponti Euxini, quod velut operis argumentum constituit". Der Sinn aber sei: „eum poetam non videri admiratione aut adflatu Apollinis dignum, nisi qui tale poema possit condere, quo omnia, quae mare aut Pontus ita dictus continet vel adluit, potis est enarrare." Die Stelle hat bei den Römern, welche auf dem Gebiete der Dichtkunst den Alexandrinern und deren Geschmack folgten, ihren Nachahmer gefunden; denn ähnlich sagt Vergil [2]):

Cum canerem reges et proelia, Cynthius aurem
  Vellit et admonuit: „Pastorem, Tityre, pinguis
Pascere oportet ovis, deductum dicere carmen.

So wird auch hier der Hirtengesang ähnlich wie oben bei Theokrit dem langen epischen Gedichte entgegengestellt,

---

[1]) Naeke, Callimachi Hekale p. 36 f., findet darin eine Anspielung auf die Hekale des Dichters.

[2]) Bucolica, eclog. VI, 2 ff.

und Apollo selbst spricht bei Kallimachus und Vergil sein Missfallen über die grossen cyklischen Epen aus.

Auch noch in anderer Weise hat ersterer seiner Vorliebe für epische Gedichte kleineren Umfangs Ausdruck gegeben. Im Fragmente 506 fordert er, μὴ μετρεῖν σχοίνῳ Περσίδι τὴν σοφίην. Dies σχοῖνος war nach Athenäus ein persisches Wort für ein Wegemass [1]), und Plutarch, der sich dieses oben erwähnten Ausspruches des Kallimachus bedient, fügt hinzu [2]): τὴν εὐδαιμονίαν σχοίνοις καὶ παρασάγγαις μετροῦντες. Die Parasange aber betrug 30 Stadien, und dass der σχοῖνος nicht kleiner war, erhellt daraus, dass er bei den Ägyptern ein Landmass von 30 oder gar 60 Stadien bezeichnete [3]). Die gleiche Ansicht des Kallimachus gibt sich in dem Fragmente 306 kund. Dort heisst es:

τὸν ἐν Δωδῶνι λελεγμένον [4]) οὕνεκα χαλκὸν
ἤγειρον,

Worte, in welchen er sich gegen den Vorwurf verteidigt, er habe das „dodonäische Erz" in Bewegung gesetzt. Diese sprichwörtliche Redensart gebrauchte man von „schellenlauten Schwätzern", weil diese wie das vom Winde in fast steter Bewegung gehaltene, an die Peitsche anschlagende Becken in Dodona niemals schweigen [5]). In gleicher Weise sagt er im Fragmente 165:

μηδ' ἀπ' ἐμεῦ διφᾶτε μέγα ψοφέουσαν ἀοιδήν,

man solle nicht von ihm lärmenden, rauschenden Gesang fordern oder, wie Naeke es ausdrückt, ein carmen altisonum [6]). Er erklärt: tumor est carminis heroici, cui Callimachus suam opponit tenuitatem. In Übereinstimmung mit diesen Äusse-

---

[1]) III, 122. Hecker, p. 55. σοφίη ist so viel wie poesis, wie häufig.

[2]) De exilio, 10.

[3]) Vergl. Herodot, II, 6, wonach der σχοῖνος das weitaus grösste Längenmass in Ägypten war.

[4]) So Bentley, cf. Naeke, Callimachi Hecale, p. 49.

[5]) Vergl. Pauly, Real-Encyclop., den Artikel Dodona, und Naeke, Callimachi Hecale, p. 49 ff.

[6]) S. 29 f.

rungen steht ferner das Epigramm auf den Bacchus, wo es (9, 6) heisst:

ἐμοὶ δ', ὦ 'ναξ, ἡ βραχυσυλλαβίη!

Mir aber, o Herr, gib ein kurzes Gedicht! Deshalb sagt Propertius von ihm:

— neque Phlegraeos Jovis Enceladique tumultus
Intonet angusto pectore Callimachus[1]).

Andrerseits preist Kallimachus den Aratus wegen seiner Φαινόμενα:

χαίρετε λεπταί
ῥήσεις, Ἀρήτου σύγγονοι ἀγρυπνίης![2])

Laudatur Aratus ut imitator felix Hesiodi, qui primus de rebus tenuibus atque subtilibus, quales sunt rusticae, mathematicae, philosophicae, probabiliter scripserat, unde unus ex antiquioribus aetatem tulit[3]).

Endlich hat sich der Dichter auch gegen den Vorwurf gewehrt, der ihm gemacht wurde, er könne kein längeres Gedicht verfertigen, wie das Fragment 287 besagt, das Hecker und Naeke dahin ergänzen, dass sie den Kallimachus sagen lassen: „Man macht mir den Vorwurf

οὕνεκεν οὐχ ἓν ἄεισμα διηνεκές . . .
ἤνυσα . . ."

Er hatte also kein carmen perpetuum geschrieben, ein cyklisches Gedicht, über dessen Beschaffenheit uns Ovid aufklärt. Dieser sagt im Anfange seiner Metamorphosen im Anrufe an die Götter:

primaque ab origine mundi
Ad me perpetuum deducite tempora carmen!

Ein solches Gedicht begann mit dem Anfang der Dinge und führte die Begebenheiten durch bis zur Zeit des Dichters selbst. So ist dies auch von der Stelle bei Horaz[4]) zu verstehen, der sagt:

---

[1]) Eleg. II, 1, 39 f.
[2]) Epigr. XXXV. Jacobs, Anth. Gr. I.
[3]) Ernesti und nach ihm Fabri zur Stelle. Hecker, p. 67.
[4]) Od. I, 7, 5.

Sunt quibus unum opus est, intactae Palladis urbem
Carmine perpetuo celebrare et
Undique decerptam fronti praeponere olivam.

Der Dichter begann dann jedenfalls mit dem Streite der Athene und des Poseidon und besang die Geschichte der Stadt bis auf seine Zeit. Ovid spricht in seinen Tristien[1]) folgenden Wunsch aus:

Atque utinam revoces animum paulisper ab ira,
Et vacuo iubeas hinc tibi pauca legi,
Pauca, quibus prima surgens ab origine mundi,
In tua deduxi tempora, Caesar, opus!

und bestätigt somit jene Auffasssung vom carmen perpetuum „dem ἄεισμα διηνεκές" des Kallimachus. Seine Abneigung gegen derartige Gedichte cyklischen Charakters hat er deutlich ausgesprochen in den Worten:

ἐχθαίρω τὸ ποίημα τὸ κυκλικὸν, οὐδὲ κελεύθῳ
χαίρω, τίς πολλοὺς ὧδε καὶ ὧδε φέρει.[2])

Darin erklärt er, dass er die carmina perpetua hasse und nicht die Wege liebe, welche viele Dichter ganz nach Willkür bald so bald so wandelten. Seine Ansicht von der Dichtkunst ist eine höhere; σικχαίνω πάντα τὰ δημόσια heisst es in demselben Epigramm, Worte, die an Propertius erinnern, der da III, 1, 14 sagt: Non datur ad Musas currere lata via. Diese Breite in der Darstellung bei den Cyklikern, die den ganzen Sagenkreis erschöpfend behandelten, wird auch in dem Epigramm auf Apollodors Bibliothek[3]) gerügt: μὴ κυκλίων ζήτει πολύθρουν στίχον[4]). In Apollodors βιβλιοθήκη war nach des Verfassers Ansicht alles Wissenswerte vereinigt.

---

[1]) II, 557 ff.
[2]) Anthol. Gr. Jacobs II, p. 212.
[3]) Anthol. Gr. Jacobs IV, Epigr. 571, S. 237. Das Epigramm des Pollianus ist nicht hierher zu ziehen (Anthol. Gr. III, p. 146), da er bestimmte cyklische Dichter seiner Zeit im Auge hat, welche andere ausschrieben, ja die Gedichte Homers selbst für ihre Zwecke plünderten.
[4]) Vergl. Salmas. Plinian. exercitat. cap. 40, p 594, Casaubon. ad Athenäum VII, 3, Welcker, epischer Cyclus, I. Bd., zweite Auflage, Anhang.

Aber nicht nur auf dem Gebiete der epischen Poesie machte der Meister Front gegen die langen cyklischen Gedichte, sondern auch auf dem der Elegie. Von der Lyde des Antimachus sagt er [1]: Λύδη καὶ παχὺ γράμμα καὶ οὐ τορόν, wozu der Scholiast bemerkt: ὅτι διαβέβληται τὸ παχὺ σαφῶς ὁ Καλλίμαχος ἐν τοῖς Ἐπιγράμμασι δηλοῖ, διασύρων γε Ἀντιμάχου τὸ ποίημα τὴν Λύδην.

Catull in seinem Epigramm ad Bononiensem poetam sagt:
Parva mei mihi sint cordi monumenta sodalis,
At populus tumido gaudeat Antimacho.

Kallimachus hatte aber nicht nur derartige Ansichten ausgesprochen, sondern auch durch die That gezeigt, dass man diesen Ansprüchen genügen könne. Leider sind uns nur Fragmente von seinen Αἴτια und seiner Ἑκάλη erhalten; über den Ibis gibt uns am besten Aufschluss das gleichnamige Gedicht Ovids. In ersterem, das im elegischen Versmasse gedichtet war, besang er nach dem Epigramm der Anthologie [2] Götter und Halbgötter, und zwar in der Weise, dass er sich im Traum auf dem Helikon von den Musen „causas et origines locorum, institutorum, fabularum, deorum et heroum historias" erzählen liess [3]. Gleichwohl war das Gedicht trotz seiner 4 Bücher von mässigem Umfange. Der Dichter hatte im ersten über den Ursprung der Wettkämpfe, im zweiten über den Ursprung der Städte und Länder, im dritten über die Erfindungen, im vierten über Götter und Heroen gesprochen. Trotz dieser Masse des Stoffes sagt Propertius [4]:
Tu satius Mimnermum aut Musam imitare Philetae
Et non inflati somnia Callimachi,
eine Stelle, an der die Worte non inflati Callimachi einen scharfen Gegensatz zu den oben citierten von dem tumidus Antimachus bilden. Die Form, welche Kallimachus in seinen αἴτια gewählt hatte, war bei den Alexandrinern beliebt. So muss noch der Apollo des Simmias aus Rhodus beschaffen

---

[1] Fragm. 441.
[2] Jacobs IV, p. 236.
[3] Vergl. Hertzberg, Quaest. Propert. II, 7, S. 196.
[4] II, 34, 31 f.

gewesen sein, indem ihm der Gott eine Menge seltener Mythen erzählte. Sicher liess Eratosthenes in seinem Ἑρμῆς diesen, ausgehend von den Anfängen menschlicher Kunst und Wissenschaft, die mathemathischen Lehren vortragen, während die Erzählungen von den Sternbildern episodenartig eingeflochten waren. Am deutlichsten aber ersehen wir die Anlage dieser Gedichte aus der Alexandra des Lykophron, welche von Artemidor Ὀνειροκριτικά, IV, 63 f. gerade wegen ihrer Kunstform mit den αἴτια des Kallimachus zusammengestellt wird. Nach dem Prologe des Boten 1—15 und der Angabe der Zeit 16—30 erzählt Alexandra von 31—1460 alle Geschicke Europas und Asiens von den ältesten Zeiten herab bis auf des Dichters Tage.

Die Ἑκάλη hatte Kallimachus in epischer Form gedichtet als Antwort auf die Vorwürfe seiner Gegner, er könne kein ἄεισμα διηνεκές, kein μέγα ποίημα machen. Es fragt sich nun, wie er bei der Bearbeitung derselben verfuhr. Denn sein Ruhm als Dichter war gross, und die Angriffe der Gegner liessen erwarten, dass ein Meisterstück aus seinen Händen hervorgehen werde. Ovid, der als hervorragender Dichter gewiss ein treffendes Urteil über Kallimachus hatte, sagt von ihm amor. I, 15, 14:

Battiades semper toto cantabitur orbe,
Quamvis ingenio non valet, arte valet.

Gerade die letzten Worte, arte valet, bedürfen der Erklärung um so mehr, da er die Grundsätze des Aristoteles bezüglich des Epos sich zu eigen gemacht und daraufhin seine Hekale gedichtet hatte, ähnlich wie später sein Nachfolger Rhianos in seinen Messeniaca verfuhr. Krinagoras singt in einem Epigramme[1]) von dem Werke des Kallimachus, Hekale:

Καλλιμάχου τὸ τορευτὸν ἔπος τόδε· δὴ γὰρ ἐπ' αὐτῷ
ὡνὴρ τοὺς Μουσέων πάντας ἔσεισε κάλως.
ἀείδει δ' Ἑκάλης τε φιλοξείνοιο καλιὴν,
καὶ Θησεῖ Μαραθὼν οὓς ἐπέθηκε πόνους.

Das Gedicht wird als mit grosser Kunst ausgearbeitet bezeichnet, wobei man unwillkürlich an das Urteil über des

---

[1]) Jacobs, II, p. 131.

Antimachus Lyde erinnert wird, welche der Dichter selbst ein ταχὺ γράμμα καὶ οὐ τορόν nennt; ferner wird bemerkt, dass er alle Segel aufgespannt, d. h. den grössten Fleiss darauf verwandt habe. Worin nun seine ars bestand, und inwiefern die Hekale als τορευτὸν ἔπος bezeichnet werden konnte, dies zu erforschen ist unsere nächste Aufgabe. Stimmen die Worte des Mannes mit den Thaten des Dichters überein, so hat er sicher seine Meisterschaft bewiesen.

Schon oben wurde darauf hingewiesen, dass die Alexandriner mehr Gedichte in der Weise Hesiods geliebt hätten, und dass dieselben von geringerem Umfange gewesen seien, wie dies die Natur der Stoffe mit sich brachte. Hesiod hatte ferner in seinen Eöen die Geschichte der einzelnen Frauen mit den Worten eingeleitet ἢ οἵη. Diese Form des Übergangs wurde von den Alexandrinern gern verwertet. Zum Belege dient der Ibis Ovids, in welchem das gleichnamige Gedicht des Kallimachus nachgeahmt ist; dort werden die verschiedenartigen Strafen der einzelnen mit qualis, qui, ut, aut, vel, sive, nec, neve eingeleitet und in aller Kürze abgethan[1]), nicht, wie Antimachus es mit seinen Liebesgeschichten in der Lyde gemacht hatte, des breiteren erzählt. Schon vor Kallimachus, zur Zeit Alexanders des Grossen, hatte Hermesianax in seinem Λεόντιον einen umfassenden Kreis erotischer Geschichten in chronologischer Weise durchgeführt; das Fragment bei Athenäus[2]) beginnt mit οἵην, welches Wort noch zwei Mal gegen Schluss wiederkehrt. Auch hier ist, wie das Fragment beweist, bezüglich der einzelnen Geschichten mit Kürze im Gegensatz zu des Antimachus Lyde verfahren[3]). In gleicher Weise hebt das Fragment der Ἔρωτες oder Καλοί des Phanokles bei Stobäus mit ἢ ὡς an[4]), ebenso auch das Stück bei

---

[1]) Man vergleiche z. B.:
   Vel de praecipiti venias in Tartara saxo,
   Ut qui Socraticum de nece legit opus,
   Ut qui Theseae fallacia vela carinae
   Vidit, ut Iliaca missus ab arce puer. —
[2]) XIII, 597—599.
[3]) Hertzberg, Poesie der Alexandriner, pag. 154.
[4]) Florileg. ed. Meineke, II, 386.

Plutarch[1]). Auch Sosikrates muss wohl die Gruppe seiner erotischen Figuren mit ἢ οἵη eingeleitet haben, da Athenäus scherzhaft sein Gedicht Ἡοίους nennt und mit den κατάλογοι γυναικῶν des Nicänetos zusammenstellt[2]). Alle diese Dichter verfuhren in ihren Elegieen chronologisch, indem sie die Fälle von den ältesten Zeiten herab bis zu ihrer Zeit aufzählten; aber sie beschränkten sich im Gegensatze zur epischen Breite des Antimachus in seiner Lyde auf wenige Andeutungen. Wie diese cyklisch verfuhren, d. h. alle Fälle des gewählten Gebietes erschöpften, so auch Kallimachus in seinem Ibis und seinen Aetia. Aber er hat nicht chronologisch verfahren, weder in dem einen noch in dem andern Gedichte. In seinem Ibis erklärt Ovid, dass er nach dem Vorgange des Kallimachus seinen Feind in gleicher Weise wie jener verwünschen wolle. Er erzähle deshalb dunkle Geschichten, obgleich er sonst solchen Dingen nicht hold sei, und weist ausdrücklich auf die ambages des Kallimachus hin, der das ganze Repertoir der dem Altertum bekannten Strafen in Kürze erschöpfte, aber seinen Stoff anders ordnete. Abgesehen von Einleitung des Ovid, die wohl in ähnlicher Weise auch bei Kallimachus nicht gefehlt haben wird, erfolgte zuerst unter Anrufung der Götter die devotio; alle Elemente sollen dem Feinde versagt sein, ruhe- und rastlos soll er ohne Heimat überall zurückgestossen werden, trotz harten Todeskampfes doch nicht sterben können. Der Schatten des Feindes soll ihn Tag und Nacht verfolgen, unbestattet sollen ihn Hunde und Wölfe zerfleischen; in der Unterwelt ihm alle Qualen des Sisyphus und Tantalus zuteil werden, Äakus ihn auf tausendfache Weise quälen, ewig soll die Qual dauern. Kurz, die Übel sind zahllos wie der Sand am Meer, dass selbst der Feind sich seiner erbarmen könnte. Erst jetzt, nachdem der Dichter den Feind hat sterben und in der Unterwelt bestrafen lassen, spricht er von dessen Geburt, sagt, dass dem Ibis kein günstiger Stern bei derselben geleuchtet habe, dass vielmehr die

---

[1]) Symp. p. 671, 6.
[2]) XIII, 590 b.

Eumeniden ihn in Empfang genommen hätten; mit Hundemilch sei er genährt worden, die Parzen wären ihm ungünstig gewesen, und nun zählt der Dichter auf, was sie ihm gesponnen. Mit dem Verse 249 leitet er dann die Aufzählung der Übel aller Zeiten mit dem trojanischen Kriege beginnend ein, bespricht alle möglichen Arten des Todes und Verderbens von 251—632, während der Schluss speciell römische Verhältnisse berührt. Wir sehen eins aus dieser Darstellung. Selbst bei solch unbedeutenden Werken, zu denen der Ibis gezählt werden muss, verfuhr Kallimachus nicht in der herkömmlichen Weise, indem er chronologisch den Lebensgang seines Feindes schilderte, sondern er führt uns sofort in medias res, man könnte vom Ibis sagen in extremas; denn er schildert sogleich nach dem ruhelosen Wanderleben des Ibis dessen Tod und Qualen in der Unterwelt, um dann erst zu dessen Geburt zurückzukehren und die tausendfachen Todesarten, die ihn alle treffen sollen, von den trojanischen Zeiten ab zu schildern. Kallimachus weicht also schon hierin von seinen Vorgängern und Zeitgenossen ab, indem er auch in diesem Gedichte sich Homer zum Muster nahm, insofern als dieser mit dem Ende der Handlung beginnt und die übrigen Vorgänge dann nachholt, ganz so wie wir es in den Scholien und bei Eustathius ausgesprochen finden.

Das zweite Gedicht des Kallimachus von Bedeutung waren die *αἴτια*. Wie oben bemerkt, liess er sich im Traume auf dem Helikon von den Musen über den Ursprung der Wettkämpfe, Städte und Länder, Erfindungen, Götter und Heroen berichten. Das Gedicht war eine Elegie von mässigem Umfange, weshalb Propertius von den somnia non inflati Kallimachi im Gegensatze zu dem tumidus Antimachus spricht. Oben wurde bemerkt, dass Artemidor die *αἴτια* des Kallimachus mit der *Ἀλέξανδρα* des Lykophron zusammenstellt. Wenn nun auch ersterer die äussere Form der Alexandra beibehielt, indem er sich von den Musen die Ursachen und den Ursprung der Dinge erzählen liess, so wie Lykophron den Boten die Weissagungen Alexandras dem Priamus berichten lässt (31—2460), so besteht zwischen beiden gleichwohl noch ein bedeutender Unterschied in der Form in anderer Beziehung. Die Weissagungen Kassandras umfassen die Zerstörung Trojas durch Herkules und die Griechen, die Schicksale der Trojaner, des Paris, der die Helena raubt, die ihm von Proteus jedoch wieder entführt wird, und der fünf Freier der Helena; den Zug der Griechen übers Meer, die Verwüstung des trojanischen Gebietes, das Geschick Hektors, des Troilus, der Laodice, Polyxena, Hekuba, des Priamus und ihr eigenes, infolge dessen Pallas über die Griechen vieles Unglück verhängen wird. Dieser Zorn Athenes (361—372) ist zum Träger aller folgenden Ereignisse gemacht. Denn es wird nun geschildert das Unglück der Griechen vor der Rückkehr (373—1089) und nach derselben (—1281). Die Schicksale der hervorragendsten Griechen vor der Rückkehr werden berichtet, die Ansiedlungen sowohl der Griechen als der vertriebenen Trojaner erwähnt, dann nach der Rückkehr in die Heimat das Geschick Agamemnons und das der Alexandra selbst enthüllt, sowie einiger anderer gedacht, und die Gründung Roms besprochen. Nachdem so der Cyklus des trojanischen Sagenkreises vollendet ist, spricht der Dichter von der Feindschaft zwischen Europa und Asien überhaupt und deren Ursachen und knüpft daran die Geschichte aller Streitfälle zwischen beiden Erdteilen, vom Raub der Jo an und dem Argonautenzuge bis herab zum Rachezuge des Xerxes; zur Wiedervergeltung erobert Alexander der Grosse Asien und legt den langen Streit bei, während ein Verwandter Alexandras Frieden und Bündnis mit ihm machen wird. Da nun die Folgen des Zornes der Athene die Hauptsache im Gedichte ausmachen, bei der chronologischen Aufzählung der einzelnen Vorgänge und Streitigkeiten zwischen Europa und Asien aber nochmals des Paris, seines Verbrechens und seiner Bestrafung gedacht wird, (1362—1373), so sind auf diese Weise die beiden einander ergänzenden Massen zu einem Ganzen verbunden, das auch äusserlich einen Kreis mit einem Mittelpunkte darstellend einen Cyklus der griechischen Geschichte von den ältesten Zeiten bis herab auf die Zeit des Dichters selbst umfasst.

Deshalb sagt Tzetzes im Leben des Dichters[1]): τὰ ἀφ᾽ Ἡρακλέους καὶ τῶν Τρωικῶν μέχρις Ἀλεξάνδρου τοῦ Μακεδόνος καὶ κατωτέρω συντεμὼν πάντα γράφει, καὶ περὶ τὸ τέλος τοῦ βιβλίου ἀνατρέχει καὶ κατ᾽ ἐπιδρομὴν λέγει καὶ τὴν ἁρπαγὴν τῆς Ἰοῦς τὴν παρὰ τῶν Φοινίκων, ὅθεν ὁ πόλεμος ἀνερράγη βαρβάροις καὶ Ἕλλησιν. Durch den letzten Gedanken, der die erste ὕβρις andeutet, erhält das ganze Gedicht eine einheitliche Grundlage. In der ὑπόθεσις des Gedichts bemerkt ebenderselbe: περιέχει τόδε τὸ ποίημα χρησμοὺς καὶ τὴν ἀφ᾽ Ἡρακλέους ἱστορίαν μέχρι τῆς τῶν Ῥωμαίων ἀρχῆς ἔξωθεν παρεμπλεκομένης καὶ ἄλλης ποικίλης ἱστορίας.

Es ist nun von grossem Interesse zu sehen, wie Lykophron diese gewaltige Stoffmasse cyklisch in dieser von ihm beliebten Weise zusammengedrängt hat. Hat er dies Gedicht vor dem Auftreten des Kallimachus als Dichters verfertigt, so hat er zuerst die Bahn chronologischer Gedichte verlassen und die Kürze der Epen sich zum Grundsatze gemacht, wie letzteres denn fast allgemein von den Alexandrinern angestrebt wurde, während er den Hauptstoff seines Gedichtes auch äusserlich in die Kreisform brachte, indem er zu Anfang und am Ende seiner Schilderung der ὕβρις des Paris gedenkt. Seine Grundsätze hat sich dann Kallimachus zu eigen gemacht und mit Wort und That verfochten. Wir sehen, wie kunstvoll er im Ibis verfuhr, wie er uns mitten in die Sache führte, gleichwie auch Lykophron den trojanischen Krieg zur Haupthandlung gemacht hat und dann zurückgreifend die Ursache und Veranlassungen jenes Zwistes zwischen Europa und Asien erzählt. Wenn nun auch von den αἴτια des Kallimachus uns nur wenige Fragmente erhalten sind, so wissen wir doch aus den sorgfältigen Zusammenstellungen Heckers[2]), wie

---

[1]) Vergl. das Schol. d. Is. Tzetzes zu Lykophron, Ausgabe von Müller, S. 265.

[2]) Commentat. Callimach. capita duo, p. 33 ff. Die Argonauten kehrten nach ihm auf demselben Wege zurück, auf welchem sie gekommen waren, gelangten aber auf ihren Irrfahrten um Italien und Illyrien herum ins Phäakenland. S. 35 und 40.

das zweite Buch der Aetia, welches von der Gründung der Städte und deren Ursache handelte, begann und beschaffen war. Die Stelle ist uns bei Strabo I, p. 46 erhalten. Der Dichter soll nach Hecker also begonnen haben:

$\lambda \acute{\varepsilon} \gamma \varepsilon \iota \nu$
$\mathring{\alpha} \varrho \chi \mu \varepsilon \nu o \varsigma \; \mathring{\omega} \varsigma \; \mathring{\eta} \varrho \omega \varepsilon \varsigma \; \mathring{\alpha} \pi' \; A \mathring{\eta} \tau a o \; K \upsilon \tau a \acute{\iota} o \upsilon$
$a \mathring{\upsilon} \tau \iota \varsigma \; \mathring{\varepsilon} \varsigma \; \mathring{\alpha} \varrho \chi a \acute{\iota} \eta \nu \; \mathring{\varepsilon} \pi \lambda \varepsilon o \nu \; A \mathring{\iota} \mu o \nu \acute{\iota} \eta \nu.$

Auch er hatte danach bezüglich der Argonautenfahrt und der auf ihr erfolgten Städtegründungen in echt Homerischer Weise mit der Rückfahrt begonnen, ganz so wie Homer seine Odyssee angelegt hatte. Ob er nun die Abenteuer der Hinfahrt in episodenhafter Weise bei den Phäaken erzählen liess, wie dies bei Homer Odysseus mit seinen Erlebnissen thut, bleibt unklar, ist aber wahrscheinlich, weil eben Homer sein Vorbild war. Für unsern Zweck genügt die Gewissheit, dass er auch hier die chronologische Folge der Begebenheiten verschmähte und den Leser sofort in medias res führte.

Den grössten Sieg aber hat Kallimachus über seine Gegner davongetragen durch seine Hekale. Dies epische Gedicht hat wohl Ovid veranlasst, jenen oben citierten Ausspruch zu thun, Battiades — arte valet. Wir haben aus dem Vorstehenden ersehen, dass dieser Dichter in Übereinstimmung mit dem Geiste und der Praxis der Zeit andere Stoffe in Hesiodischer Weise zu Gedichten kleineren Umfangs verwerten wünschte, aber auch dass er der geschichtlichen Entwicklung der Begebenheiten, der eintönigen Erzählung vom Nacheinander der Ereignisse in der Zeit, entschieden entgegen trat, dass er ein bedeutender Gegner des $\mathring{a} \varepsilon \iota \sigma \mu a$ $\delta \iota \eta \nu \varepsilon \kappa \acute{\varepsilon} \varsigma$, des carmen perpetuum war und bezüglich der epischen Gedichte an der von Aristoteles verlangten actio primaria festhielt. Unter solchen Umständen mochte ihn der Vorwurf, er könne überhaupt ein solches Gedicht nicht machen [1]), sehr hart treffen. Und da hat er alle Hebel in Bewegung gesetzt, $\pi \acute{a} \nu \tau a \varsigma \; \mathring{\varepsilon} \sigma \varepsilon \iota \sigma \varepsilon \nu \; \kappa \acute{a} \lambda \omega \varsigma$, um den

---

[1]) S. 48, Commentat. Callim. cap. duo.

Sieg zu gewinnen. Diese ars des Dichters zeigte sich in seiner Hekale im vollsten und glänzendsten Lichte. Freilich meint Hecker, er habe die αἴτια auf jenen Vorwurf hin gedichtet. Aber die ganze Stelle im Hymnus auf Apollo handelt nur von einem epischen Gedichte und nach Vermutung der Erklärer speziell von den Argonautika des Apollonius. Und wenn dieser Dichter in der Umarbeitung seines Werkes zahlreiche Reminiscenzen an Kallimachus zeigt, so ist dies nur ein Beweis dafür, dass der Sieg des Gegners ein vollständiger war, wie dies ja auch aus den betreffenden Scholien erhellt, da Apollonius ins Ausland ging und sein Gedicht umarbeitete. Der Sieger erstrebte mit seinem Werke nichts Geringeres, als die Forderungen, welche Aristoteles an den Epiker stellt, zu erfüllen. Oben haben wir gesehen, dass schon dieser Philosoph, der seine Regeln über das Epos von den Homerischen Gedichten ableitete, die Ansicht ausgesprochen hatte, dieselben könnten etwas kürzer sein[1]; die Alexandriner neigten nicht nur dieser Ansicht zu, sondern hatten das heroische Epos auch fast ganz unberührt gelassen. Da dichtete Kallimachus auf die Angriffe der Gegner hin seine Hekale und feierte darin **eine Hauptthat** des Theseus, im Gegensatze zu den von Aristoteles getadelten Theseiden, nämlich die Bekämpfung des marathonischen Stieres, während er die übrigen, auf dem Wege von Trözen nach Athen von ihm bestandenen Abenteuer in Homerischer Weise als eingelegte Episoden verwertete; daneben schilderte er im Gegensatze zu dem kriegerischen Bilde des streitbaren Helden im Hinblick auf die Odyssee das Stillleben des gastfreundlichen Mütterchens Hekale, die keinen Bettler und Wanderer an ihrer Hütte ungestärkt und ungepflegt vorüberziehen liess.

Über dies Gedicht hat Naeke eine so vortreffliche Arbeit geschrieben, dass wir nur seine Wege zu wandeln brauchen, um unsere Behauptung vollauf bestätigt zu finden[2]. Wenn Heinsius mit Beziehung auf dessen Inhalt sagt[3]: quod per-

---

[1] Poet., cap. VIII.
[2] Naeke, opusc. philolog. ed. Th. Welker, vol. II, Bonn, 1845.
[3] Animadvers. in Horat. carm. I, 7, p. 11.

petuum carmen fuit, licet non integram Thesei complecteretur historiam, so hat er mit der Behauptung, die Hekale sei ein carmen perpetuum gewesen, entschieden Unrecht, da es nicht die Reihenfolge der Thaten beim Bericht einhielt und nicht ab ovo begann.

Nach dem oben citierten Epigramm des Krinagoras gibt Naeke den Inhalt richtig dahin an: fuit hospita Thesei Hecale et Thesei cum tauro Marathonio pugna, und nennt es ein argumentum gravitate et suavitate feliciter mixtum, das von Plutarch nach Philochorus noch näher erläutert werde[1]. Die Haupthandlung, welche entsprechend der Vorschrift des Aristoteles Kallimachus aus den Abenteuern auswählte, war die Bekämpfung des marathonischen Stieres, nach Diodor, IV, 59 und Naeke, p. 55 ff., das siebente Abenteuer, das der Held auf dem Wege von Trözen nach Athen zu bestehen hatte. Vom Minotaurus und von den übrigen Erlebnissen, sowie dem Lebensende des Theseus war also nicht ausführlich die Rede; sie konnten aber angedeutet sein, wie in der Odyssee, Buch XI durch Tiresias die weiteren Schicksale des Odysseus bis zu seinem Tode und in der Ilias der Untergang Trojas, der Fall des Achilles etc.[2] Auch von der Jugend, Abstammung, Kleidung des Theseus war die Rede[3]. Auf seinem Wege nach Marathon kam ihm Hekale entgegen. Diese Stelle gab dem Dichter Gelegenheit zu der Detailmalerei bezüglich des Aussehens jenes Mütterchens, seines Haushaltes, der Mahlzeit, u. s. w., wie jene Lucian tadelnd streift[4], und wie wir sie ähnlich bei Ovid in seiner Erzählung von Philemon und Baucis finden.[5] Vielleicht erzählte auch Hekale ihre Geschichte und von ihrem einstigen Reichtum; sicher ist, dass Theseus nach dem Mahle den langen Bericht seiner Abenteuer einflocht, während andere Ereignisse aus seinem Leben der

---

[1] Naeke, p. 13 f.
[2] Naeke, p. 27, 57, 62, 63.
[3] Naeke, p. 68, 74, 84.
[4] πῶς δεῖ ἱστορίαν συγγράφειν, cap. 57; Hecker, p. 135.
[5] Metamorph. VIII, 611—724.

Dichter schon vorher erwähnt oder angedeutet hatte[1]). Apparet, sagt Naeke[2]), quam scite in medio fere poemate insertum episodium fuerit, ut callide differretur magnus exitus, pugna Marathonia, deque heroe ut praeclara excitaretur exspectatio. Dann erst folgte die Erzählung von dem Kampfe. Naeke rühmt mit Recht von dem Gedichte, quam diversae a scriptoribus rerum Atticarum, quos Plutarchus sequitur, vel Theseidos alicuius, rationes fuerint Callimachi, qui ex tanto fabularum numero unam tantum more tractandam epico elegisset[3]). Der Held führte den bezwungenen Stier nach Athen, opferte ihn und kehrte dann zur Hekale zurück, die er aber nicht mehr am Leben traf[4]). Es liegt die Vermutung nahe, dass, da das Gedicht zwei Hauptteile enthielt — darauf weisen das Epigramm des Krinagoras und die Stelle bei Plutarch hin — dem Dichter die Nachahmung der Odyssee und Ilias vorgeschwebt habe. Beide wurden als zusammengehöriges Ganze, als Cyklus betrachtet; die Odyssee würde nachgeahmt worden sein in dem ersten, friedlichen Teile, der mehr als Charaktergemälde angelegt war, wie Aristoteles dies von der Odyssee sagt, während der zweite Teil der Ilias entsprechend die Gefahr und den unblutigen Kampf schilderte. Ob eine Erkennung stattfand ist zweifelhaft[5]), νίττρα kamen wahrscheinlich darin vor[6]); dass auch die Homerische Sprache von Kallimachus nachgeahmt wurde, hat Hecker ebenfalls dargethan[7]).

Es ist um so wahrscheinlicher, dass Kallimachus in diesem Gedichte Ilias und Odyssee zusammen nachahmte, weil auch Vergil in seiner Äneis dies gethan. Das Gedicht wurde so zu einem Cyklus der Geschichte des Theseus in Homerischer

---

[1]) Naeke, S. 110, 115, 125, 160, 163, 165.
[2]) p. 164.
[3]) p. 205. Hierzu vergl. Hecker, p. 134, der nur sagen durfte: carmen, quo describebatur ab una parte fortissimi herois... facinus splendidissimum, nicht facinora splendidissima.
[4]) Naeke, 261, 268, 277.
[5]) Naeke, p. 206.
[6]) Hecker, p. 112 f.
[7]) p. 124 ff.

Manier, indem nicht alle Thaten aufgezählt, sondern manche nur angedeutet wurden. Mag aber auch das Gedicht des Kallimachus noch so künstlich und nach Aristotelischer Norm angelegt gewesen sein, an die Höhe Homerischer Vollkommenheit reichte es nicht hinan; denn es fehlte ihm vor allem der tragische Gehalt jener beiden Gedichte selbst dann, wenn der Zorn der Juno das bewegende Motiv war, und die βουλὴ Διός zu dessen eigenem Nachteil ein Erfüllung ging[1]). Gleichwohl war des Dichters Ruhm gross; Ovid pries ihn wegen seiner Kunst, und dieser selbst konnte in dem Epigramm auf seinen Vater von sich sagen[2]):

ὁ δ' ἤεισε κρέσσονα βασκανίης,

und Krinagoras von ihm ausrufen:

Καλλιμάχου τὸ τορευτὸν ἔπος τόδε[3]).

Vielleicht gehört hierher auch Fragment 292, worin der Dichter nach gelungenem Werke ausruft:

ἔλλετε βασκανίης ὀλοὸν γένος,

denn er hatte durch die That bewiesen, dass er wirklich ein μέγα ποίημα und zwar den Anforderungen des Aristoteles entsprechend machen konnte.

Mit dieser Charakteristik der Kallimacheischen Muse ist ein scharfer Gegensatz zu dem noch vorhandenen Werke des Apollonius ausgesprochen, dessen Bau wir zunächst betrachten wollen, ehe wir auf den bekannten Streit der beiden Männer zurückkommen. Doch sei es uns gestattet, im Anschluss an die Hekale vorher noch eines Mannes zu gedenken, der in gleicher Weise wie Kallimachus es versucht hat, ein Gedicht zu machen, des Rhianos, des Nachfolgers jenes Gelehrten in der Verwaltung der Bibliothek. Er, der den Homer kannte wie nur einer — hatte er doch eine Recension von dessen Gedichten veröffentlicht! — schlug in seinen Messeniaca einen ähnlichen Weg ein. Von ihm sagt Pausanias IV, 6 bezüglich des Gedichtes: Τοῦτον τὸν Μεσσηνίων τὸν πόλεμον Ῥιανός τε

---

[1]) Vergl. Preller, Griech. Mythol. Bd. II, S. 158—161.
[2]) Jacobs, Anth. Gr. I, 226.
[3]) Anth. Gr. II, p. 131.

ἐν τοῖς ἔπεσιν ἐποίησεν ὁ Βηναῖος καὶ ὁ Πριηνεὺς Μύρων. λόγοι δὲ πεζοὶ Μύρωνός ἐστιν ἡ συγγραφή· συνεχῶς μὲν δὴ τὰ πάντα ἐξ ἀρχῆς ἐς τοῦ πολέμου τὴν τελευτὴν οὐδετέρῳ διήνυσται. μέρος δὲ ᾧ ἑκάτερος ἠρέσκετο, ὁ μὲν τῆς τε Ἀμφείας τὴν ἅλωσιν καὶ τὰ ἐφεξῆς συνέθηκεν, οὐ πρόσω τῆς Ἀριστοδήμου τελευτῆς, Ῥιανὸς δὲ τοῦδε μὲν τοῦ πρώτου τῶν πολέμων οὐδὲ ἥψατο ἀρχήν, ὁπόσα δὲ χρόνῳ συνέβη τοῖς Μεσσηνίοις ἀποστᾶσιν ἀπὸ Λακεδαιμονίων, ὁ δὲ καὶ ταῦτα μὲν οὐ τὰ πάντα ἔγραψε, τῆς μάχης δὲ τὰ ὕστερα, ἣν ἐμαχέσαντο ἐπὶ τῇ Τάφρῳ τῇ καλουμένῃ μεγάλῃ... Ῥιανῷ δὲ ἐν τοῖς ἔπεσιν οὐδὲν Ἀριστομένης ἐστὶν ἀφανέστερος ἢ Ἀχιλλεὺς ἐν Ἰλιάδι Ὁμήρῳ. Meineke sagt in seiner Schrift „Über den Dichter Rhianos von Kreta"[1]: „Erwägt man den auffallenden Umstand, dass sich sämtliche Bruchstücke der Messeniaca ohne Ausnahme mehr oder weniger auf die Geschichte des zweiten messenischen Krieges beziehen, so sind wir zu der Annahme berechtigt, dass das Gedicht des Rhianos ein wohlgeschlossenes Ganze gebildet habe, welches in der Verherrlichung des Aristomenes seinen poetischen Mittelpunkt hatte und den Namen eines Epos im höheren Sinne verdiente, wenngleich es auch an beiläufigen ethnographischen Erörterungen nicht gefehlt haben mag. Diese Einheit des Gedichtes ergibt sich bis zur Evidenz selbst aus des Pausanias Darstellung von dem zweiten messenischen Kriege, worin er vorzugsweise dem Rhianos gefolgt ist und namentlich von Aristomenes sagt, Rhianos habe denselben mit nicht geringerem Glanze gepriesen, als Homer die Thaten des Achilleus. Demselben Schriftsteller verdanken wir die Nachricht, dass Rhianos die früheren Ereignisse des Krieges nur summarisch berührt und eine vollständige Erzählung von den Schicksalen der streitenden Völker erst nach der Schlacht am grossen Graben gegeben habe". Rhianos hatte den ersten messenischen Krieg und die Ereig-

---

[1] Abhandlungen der Königl. Akademie der Wissenschaften, Berlin 1832, Bd. I, S. 99 ff., insbesondere S. 112 f. Vergl. auch Mayhoff, De Rhiani Cretensis studiis Homericis.

nisse des zweiten bis zur Schlacht am Graben nicht ganz erwähnt, sondern erst die Begebenheiten von jener Schlacht an, die im dritten Jahre des Krieges stattfand¹), einer Zeit, die allerdings reich an Wechselfällen war. Meineke hat darauf hingewiesen²), dass der nächtliche Streifzug des Aristomenes nach Amyclä bei Pausanias erwähnt wird, der an die Dolonie erinnert, und dass auch sonst die Darstellung des Schriftstellers reich an epischen Momenten sei³). Es konnte darin ein Katalog vorkommen, da alle arkadischen Städte den Messeniern Hilfstruppen schickten⁴); die Belagerung von Eira dauerte elf Jahre; im elften sollte die Festung nach des Schicksals Bestimmung fallen⁵), und Pausanias zieht die Parallele: μετὰ τοῦτο τοῖς Μεσσηνίοις ἤρχετο, καθὸ καὶ Τρωσὶν ἔτι πρότερον, γίνεσθαι κακὰ ἀπὸ μοιχείας⁶). Aristomenes hatte nämlich den Zorn der Dioskuren erregt, weil er ihr Erscheinen nachmachte und ein Fest, das die Spartaner ihnen zu Ehren feierten, durch Blutvergiessen störte. Deshalb wandten sich die Götter gegen Messenien, und ihr Wille ging durch Verrat und weibliche Schwachheit in Erfüllung — Θεῶν δ' ἐτελείετο βουλή. Der Dichter hatte wohl gerade die Ereignisse nach der Schlacht am grossen Graben gewählt, weil deren Träger während der elfjährigen Belagerung lediglich Aristomenes ist, der durch seine ὕβρις das Verhängnis heraufbeschwor. Insofern war der Stoff weit tragischer als der des Kallimachus; auch bei Rhianos hat ein Weib als Mittel gedient, die ὕβρις des Feldherrn nach dem Willen der Götter zu strafen. Zum Schlusse blieb dem Dichter noch die Möglichkeit, im Geiste der Odyssee die Auswanderung der Messenier zu besingen, die teils nach Arkadien, teils nach Rhegium in Italien, später nach Zankle zogen, während Aristomenes selbst nach Rhodos auswanderte⁷).

---

¹) Paus. IV, 17, 2.
²) p. 114 f.
³) p. 115.
⁴) Pausan. IV, 17, 2.
⁵) Pausan. IV, 20.
⁶) IV, 20, 5.
⁷) Paus. IV, 22 und 23.

So hatte Rhianos einen herrlichen Stoff so gestaltet, wie Aristoteles es wollte; er hatte nicht den ganzen Krieg erzählt, sondern die Verhältnisse vor dem dritten Jahre des zweiten Krieges nur angedeutet, dann aber die Heldenthaten des Aristomenes geschildert, der durch eigene Schuld die Huld der Götter verscherzte. Mag auch des Kallimachus Hekale noch so fein ausgearbeitet gewesen sein, an wahrhaft tragischen Momenten war dieser Stoff, in solcher Weise bearbeitet, entschieden reicher.

Nachdem wir so gesehen haben, dass zwei hervorragende alexandrinische Dichter den Forderungen des Aristoteles bezüglich der dramatischen Gestaltung der einheitlichen epischen Handlung genüge leisteten, erübrigt es uns, das Gedicht des Apollonius in seiner Überarbeitung zu besprechen, um uns ein Urteil über den Streit zwischen ihm und Kallimachus bilden zu können. Da stellt sich denn von vornherein heraus, dass es sich mit jenen auch in der mit Beifall aufgenommenen Überarbeitung durchaus nicht messen kann; es fehlt eine Haupthandlung, in welche die übrigen Begebenheiten des Zuges als Episoden verwoben wären, selbst der Held spielt oft nur eine untergeordnete Rolle. Es beginnt mit dem Orakel, das dem Pelias zuteil geworden war, zählt sofort mit I, 23—233 die 53 Helden auf (Katalog)[1], schildert Abschied und Fahrt und berichtet, wie durch Sturm die Helden wieder auf die Insel Cycikus zurückgeworfen werden (Insel des Äolus). Als sie abfahren wollen, hemmen Stürme ihre Weiterfahrt, bis Cybele durch ein Opfer versöhnt ist (Menelaus in Ägypten). Auf der Fahrt werden sie vom Meergott über ihre weiteren Geschicke belehrt (Proteus). Im zweiten Buche wird die Fahrt durch den Bosporus geschildert und gesagt, dass Phineus den Argonauten die umwohnenden Völker, auch die Flüsse und Vorgebirge genannt und vor den Kyaneischen Felsen gewarnt habe (Circe). Dann fahren sie durch die Symplegaden (Scylla und Charybdis) nach Sinope und dem Flusse Phasis. Erst im dritten Buche erfolgt

---

[1] Die Bemerkungen in den Klammern weisen auf ähnliche Scenen in den Homerischen Gedichten hin.

der Anruf der Muse Erato, und greifen die Götter in die Handlung ein, indem Juno und Minerva Venus bewegen, die Medea mit Liebe zu Jason zu erfüllen. Es wird zunächst ein gütlicher Vergleich erstrebt, nachdem die Helden, von Juno in Nebel gehüllt, bei Aeetes eingekehrt sind, dessen Palast beschrieben wird. In dem folgenden Liebesabenteuer, das zwischen Jason und Medea sich abspielt, wirkt Juno auf diese ein, dass sie jenem beisteht, und verschönert sie (Athene und Penelope). Ersterer gibt ihr dann ausführliche Nachricht über seine Familie und sein Vaterland. Nachdem er die feiende Salbe erhalten hat, kann er den Kampf mutig bestehen. Im vierten Buche ruft der Dichter wieder die Muse an und erzählt die Flucht der Medea, die Jason behülflich gewesen ist, das goldene Vliess zu rauben. Die Kolchier verfolgen in zwei Partieen die Flüchtigen; diese töten den Absyrtus und müssen wegen dieser Blutschuld auf Jupiters Beschluss viele Leiden und Gefahren durchmachen, bis sie von Circe gereinigt werden. Mehrfach greifen die Götter ein, um sie zu warnen und zu retten; denn die einzelnen Gefahren sind abgesehen von dem Aufenthalte im Phäakenlande noch zahlreicher, als diejenigen, welche den Odysseus bedrohten, da sie nach den Syrten verschlagen werden und zum Tritonsee ihr Schiff tragen müssen. Endlich zeigt ihnen Triton (Proteus und Menelaus), nachdem sie ein Opfer dargebracht, den Ausweg aus dem See, und nun erfolgt die glückliche Heimfahrt.

Man kann dem vorsichtigen Urteile Quintilians nur beipflichten, der sagt: non tamen contemnendum edidit opus aequali quadam mediocritate[1]). Äusserlich, in der Aufbietung der Göttermaschinerie und in den mannigfachen Anklängen an Homer, zeigt sich die Nachahmung des Dichters, aber es sind eben nur Äusserlichkeiten; von der tragischen Erhabenheit und der Einheit der Homerischen Gedichte, wie sie von Aristoteles gerühmt, von Kallimachus bis zu einem gewissen Grade, von Rhianos wirklich erreicht wurden, findet sich bei ihm keine Spur.

[1]) X, 1, 54.

Mit Recht bemerkt der Scholiast in den Pariser Scholien zu IV, 1781: ὅθεν οὖν ἀνήχθησαν τὴν ἀρχὴν οἱ ἥρωες εἰς Σκυθίαν ἐπὶ τὸ δέρας ἀποπλεύσαντες, ἐκεῖσε ὥσπερ διά τινος κύκλον κατήχθησαν ἐπανελθόντες. Es wurde auch hier eine gewisse, äusserlich abgerundete Form, die als cyklisch bezeichnet werden konnte, geflissentlich gesucht, weil auch die Gedichte des Homer einen Cyklus bildeten, wie ihn auch dessen Nachahmer Kallimachus und Rhianos erstrebt hatten. Und es scheint aus diesem Grunde nicht blosser Zufall zu sein, dass Apollonius sein Gedicht mit dem Verse schliesst

ἀσπασίως ἀκτὰς Παγασηίδας εἰσαπέβητε,

denn dieser erinnert an den von den Alexandrinern bei XXIII, 296 angenommenen Schluss der Odyssee:

ἀσπάσιοι λέκτροιο παλαιοῦ θεσμὸν ἵκοντο,

während andrerseits die Aufzählung der Helden, welche an der Argonautenfahrt teilnehmen, und die gleich zu Anfang erfolgt, an den Katalog der Ilias gemahnt, doch mit dem Unterschied, dass die Masse des Stoffes absichtlich beschränkt erscheint, weil jene Aufzählung schon mit dem 23. Verse beginnt, in der Ilias dagegen erst mit dem 1094. (II, 484).

Aber das Werk des Apollonius zeigt nicht nur jene gleichförmige Mittelmässigkeit und die Verwertung der Homerischen Maschinerie nach aussen hin, es hat auch offenkundige Mängel aufzuweisen, die Weichert[1]) mit Recht getadelt hat. Dieser Gelehrte, der den Apollonius gegen Kallimachus in Schutz nimmt, sagt: Apollonius stellt das Orakel an die Spitze, nach welchem Jason nicht einmal zur Unternehmung jenes Zuges bestimmt ist, sondern nur als die Person erscheint, vor der Pelias sich hüten muss; ferner Pelias trägt ihm eine gefährliche Fahrt auf, aber es wird nicht einmal angegeben, wohin sie gehen soll, und Jason erwidert nichts auf diesen Befehl; dann folgt das Verzeichnis der Helden, die, wir wissen nicht wie, zusammenkommen, Jason tröstet seine Eltern durch Verweisung auf ein günstiges

---

[1]) Über das Leben und das Gedicht des Apollonius von Rhodus. Meissen, 1821. S. 340 f.

Orakel des Phöbus, von welchem der Leser nichts gehört hat (I, 301). Es bestand darin, dass Jason vor seiner Fahrt in Delphi zwei Dreifüsse erhielt, die er in verschiedenen Gegenden niederstellen und weihen sollte; nun wird zwar Apollo verschiedentlich geehrt, wie I, 402, 966, 1186, II, 493, 669, 713, IV, 1715, aber der Niederlegung der Dreifüsse nirgends gedacht. Der Zorn Junos gegen Pelias ist nur nebenbei erwähnt (I, 14, cf. III, 1134), dagegen erklärt die Göttin ausführlich III, 56—72, warum sie den Jason unterstützt, aber an unpassender Stelle. Ersteres, die geringe Betonung des Zornes der Juno, könnte übrigens Homerischer Nachahmung zuzuschreiben sein. Ausserdem führt Weichert noch andere Ausstellungen an; doch die erwähnten genügen, um zu beweisen, dass das Gedicht des Apollonius in seiner zweiten Bearbeitung nicht ein τορευτὸν ἔπος genannt werden kann. Dazu kommt aber noch, dass in dem Etymol. magnum eine Reihe von Citaten aus Apollonius erwähnt werden, die sich jetzt nirgends finden. So heisst es unter διήρης· Ἀπολλώνιος δὲ καὶ τὰς ναῦς τὰς ἐχούσας δύο ἢ καὶ τρεῖς στέγας, διήρεις καὶ τριήρεις λέγει, unter κέκλυτέ μευ· Ἰστέον ὅτι πολλὰ παρατίθησιν ἡμῖν ὁ Ἀπολλ. μακροκατάληκια, ὡς τὸ δῶθι δέ μοι κλέος ἐσθλόν, unter ἀγηγορίαις· Ἀπ. νῦν αὖ μιν πολὺ μᾶλλον ἀγηγορίησιν ἀνῆκας, unter ἀμεύσιμον· Ἀπολλ. ὁ τὰ Ἀργοναυτικὰ καὶ ἀμευσιεπής, unter ἀνωϊστον· ὁ δ᾽ ὅμιλον ἀνωϊστως ἀφίκανεν, unter θεοδμήτων ἐπὶ πύργων steht, die Stelle stamme aus Apollonius, während sie sich nirgends findet, unter προικόνητος steht: Φιλήτας δέ φησι πρόκας λέγεσθαι τὰς πρῶτον τικτομένας ἐλάφους, οἷον πρωτοτόκας, ὡς παρὰ Ἀπ., unter σώεσκον, ἔσωζον (oder σώεσθαι στροφάδην) παρὰ Ἀπ., unter χυτῷ λιμένι· παρὰ Ἀπ., unter τρυσίππειον, ἔγκαιμα ἵππου γεγηρακότος, ἐπὶ τῆς γνάθου, τροχῷ ὅμοιον οὕτως Ἀπολλ. Alle diese Stellen finden sich bei Apollonius nicht. Man könnte nun einwenden, dieselben hätten wohl in der ersten Ausgabe Platz gehabt, seien jedoch bei der Umarbeitung des Werkes getilgt worden. Darauf ist zu erwidern, dass solche wie: δῶθι δέ μοι κλέος ἐσθλόν, und die, welche von den ναῦς διήρεις καὶ τριήρεις handelten, sowie der Vers: νῦν αὖ μιν πολὺ μᾶλλον ἀγηνορίῃσιν ἀνῆκας, nirgends in unserem Texte sich gut unterbringen lassen, dagegen eher auf die Zeit passen, wo Jason noch mit den Vorbereitungen zum Zuge beschäftigt war. Auffallend ist es endlich, dass der Dichter auf diese Vorgeschichte gänzlich verzichtet, auch den Bau des Schiffes nicht erwähnt, sondern sich auf die früheren Dichter beruft (I, 18 ff.), dagegen sofort mit dem Kataloge der Helden beginnt, ganz wie Homer im zweiten Buche es thut. Endlich ist das Gedicht im Verhältnis zu den vielen und mannigfachen Abenteuern, die es behandelt, sehr kurz ausgefallen, denn die vier Bücher zählen nur 5835 Verse. Hält man nun diese Erwägungen damit zusammen, dass Kallimachus erstens die Kürze der Gedichte betonte, zweitens, dass er ein abgesagter Feind des ἄεισμα διηνεκές, des carmen perpetuum, war, drittens, dass er eine actio primaria in Homerischer Weise mit wahrhaft tragischer Grundlage verlangte, wie er solche selbst in seiner Hekale zu schaffen versucht hatte, dass ferner die Anspielungen auf des Apollonius Argonautica im Hymnus auf Apollo, wo von dem gewaltigen Strome Assyriens die Rede ist, der viel Schilf und Schlamm mit sich führe, dass der Vergleich mit dem πόντος, oder mit dem Massstab des persischen Wegemasses, oder auch mit dem in Bewegung gesetzten dodonäischen Erze, dass alle diese Dinge, sage ich, gar nicht auf die jetzige Ausgabe passen, so liegt die Vermutung nahe, dass Apollonius sein Gedicht als ein carmen perpetuum ab ovo begann[1]), wodurch denn auch jene eben gerügten Mängel ihre Erklärung fänden, da sie einerseits der Kürzung des Gedichtes im Anfange, andrerseits der Ausmerzung der Episoden zugeschrieben werden könnten. Durch Tilgung der langen Einleitung schuf Apollonius eine neue Gattung des cyklischen Gedichtes. Auf sein ursprüngliches ἄεισμα διηνεκές könnten sich dann auch die

---

Vergl. dagegen Gerhard, Lect. Apollonian., Lipsiae 1816, und Merkel, Apoll. Argonaut. Proleg. I, 1 u. 2, p. XVII f., sowie Weichert: „die Verbesserungen, welche der Dichter zu Rhodus vornahm, betrafen auf keinen Fall den Plan und die Anlage des ganzen Gedichtes, sondern bezogen sich bloss auf einzelne Stellen und Worte".

Worte des Commentators beim Cruquius beziehen, der zu Horaz, ars poet. 136:

nec sic incipies, ut scriptor cyclicus olim
bemerkt: ut si quis ab ovo gemino Troianum bellum orditur, ut is qui bellum Argonauticum est exorsus ab abiegna trabe Pelii montis.

Wir sehen, der Streit zwischen Apollonius und Kallimachus hatte einen tieferen Hintergrund. Dem carmen perpetuum ward der Krieg erklärt, auf geringen Umfang der epischen Gedichte gedrungen, endlich die Nachahmung Homers in dramatischer Gestaltung des Stoffes empfohlen. Nur Kallimachus und Rhianos vermochten letzteres Ziel bis zu einem gewissen Grade zu erreichen, die andern fuhren entweder auf dem seither eingeschlagenen Wege fort oder suchten wenigstens durch Einführung des Lesers in medias res den äusseren Schein zu retten.

Welch ein gewaltiger Kampf gegen das grosse epische Gedicht überhaupt entbrannt war, und wie mächtig die Erschütterung der althergebrachten poetischen Norm in Alexandria auch in Rom nachzitterte, beweisen zahlreiche Stellen der römischen Dichter und der Umstand, dass Vergil es zum letzten Male versuchte, nach dem Vorbilde der Alexandriner und Homers in Übereinstimmung mit den von Aristoteles aufgestellten Regeln seine Äneis zu dichten.

Die späteren Alexandriner wie Nikander und andere, wie die Oppiane, bleiben dem heroischen Epos gänzlich fern. Dieselbe Abneigung zeigt sich bei den Dichtern des Augusteischen Zeitalters, Catull, Tibull, Ovid, Propertius, auch bei Vergil in den übrigen Gedichten, von der Äneis abgesehen. Catull sagt in seinem Gedicht ad Ortalum:

Sed tamen in tantis moeroribus, Ortale, mitto
Haec expressa tibi carmina Battiadae.

Er hat diese Abhängigkeit von Kallimachus durch die Übersetzung von dessen coma Berenices und die Nachahmung des vielleicht von demselben Dichter stammenden kleinen Epos über die Hochzeitsfeier des Peleus und der Thetis, sowie der

Attis bewiesen und erklärt ganz offen, den Geschmack der Vornehmen bezeichnend:

Parva mei mihi sunt cordi monumenta sodalis,
At populus tumido gaudeat Antimacho [1]).

Ovid, der, wie wir oben sahen, den Kallimachus wegen seiner Kunst preist, hat von vornherein in seinen erotischen Dichtungen die Alexandriner sich zum Vorbilde genommen, ebenso im Ibis, seinen Halieutica, die unvollendet blieben, und in den Metamorphosen [2]), die er selbst als ein carmen perpetuum bezeichnet, das die Verwandlungen vom Chaos an bis zu Cäsars Metamorphose in einen Stern umfasst. Sie enthalten trotz der Masse des bewältigten Stoffes nur 11995 Verse. Auch die Fasti würden ein cyklisches Gedicht geworden sein, falls sie vollendet worden wären, da sie den Kreis des ganzen Jahres umfassen sollten. In Stoff und Umfang der Gedichte ahmte Ovid also die Alexandriner nach; er preist nicht nur den Kallimachus wegen seiner Kunst, sondern rühmt auch die Φαινόμενα des Aratus:

Cum sole et luna semper Aratus erit [3]).

In längerer Auseinandersetzung entschuldigt er sich, dass er keine grösseren epischen Gedichte geschrieben, weder den trojanischen und thebanischen Krieg, noch die Thaten des Augustus besungen habe. Seine Kraft reichte nicht dazu aus, und nach kurzem Versuche kehrte er wieder zum leve opus, den iuvenilia carmina, zurück [4]). Sicherlich würde er, der die Kunst des Kallimachus rühmte, die des Ennius tadelte, auch im Homerischen Geiste begonnen haben, falls er ein Epos geschaffen hätte. Denn in demselben Buche der Tristien sagt er:

Ennius ingenio maximus, arte rudis [5]).

---

[1]) 97, ad Bononiensem poetam.
[2]) Es gab für ihn viele griechische Vorbilder, wie Nikanders ἑτεροιού-μενα (5 B.), Parthenios' μεταμορφώσεις (solche auch von Theodorus und Didymarchus), des Antigonus ἀλλοιώσεις.
[3]) Amor. I, 15, 13 ff.
[4]) Tristia II, 316 ff.
[5]) V. 424.

Dieser hatte in seinen Annalen die römische Geschichte von des Äneas Ankunft in Italien bis auf des Dichters eigene Zeit herab in chronologischer Weise dargestellt. Er rühmte sich in dem im Anfange seiner Annalen erzählten Traume, dass die Seele Homers in ihn übergegangen sei, aber er erfüllte nicht, was er versprochen, denn Horaz[1]) sagt:

    Ennius et sapiens et fortis et alter Homerus,
      Ut critici dicunt, leviter curare videtur,
    Quo promissa cadant et somnia Pythagorea;

denn mit der von ihm gerühmten und von Pythagoras gelehrten Seelenwanderung ist es nichts. Er hat in seinem Epos, wie schon der Name besagt, chronologisch verfahren, und damit jede ernste Nachahmung des Homer aufgegeben, wie sehr er auch sonst in Äusserlichkeiten sich ihn zum Vorbilde genommen haben mochte.

Zahlreich sind die Äusserungen des Propertius über das epische Gedicht und die alexandrinischen Vorbilder. Seine Grundanschauung zeigt sich in der ersten Elegie des zweiten Buches. Wenn ihm, sagt er dort, die Gabe geschenkt wäre, Heldengedichte zu verfassen, so würde er nicht den Kampf der Titanen oder den thebanischen Krieg oder sonst ein hervorragendes Ereignis aus der Sage und Geschichte besingen, sondern des Augustus Thaten, wobei Mäcenas nicht vergessen werden würde:

    Sed neque Phlegraeos Jovis Enceladique tumultus
      Intonet angusto pectore Callimachus,
    Nec mea conveniunt duro praecordia versu
      Caesaris in Phrygios condere nomen avos.

Dann erklärt er weiter: Kallimachus hat sich zu solchen epischen Gedichten nicht verstiegen, sondern sich meist des weichen elegischen Versmaasses im Gegensatze zu dem plumpen Hexameter des heroischen Gedichtes bedient; auch ich bin letzterem nicht gewachsen, weshalb ich die Liebe besinge.[2]) Dies ist mir zur anderen Natur geworden; so wie

---

[1]) Epist. II, 1, 50 ff.
[2]) Vergl. Hertzberg, Quaest. Propert. VII, p. 195 f., 199 und Commentar. in Bd. II, 1, S. 84 f., sowie Elegie II, 34, wo unter dem „dure poeta" der epische Dichter zu verstehen ist.

der Landmann von seinen Ochsen, der Soldat von seinen Wunden, der Hirt von seinen Schafen, so spreche ich in meinen Elegieen von meiner Liebe. Diese seine Absicht bestätigt der Dichter in einer Reihe von anderen Stellen. In der 7. Elegie des ersten Buches mahnt er den Pontikus, den Dichter einer Thebais, nicht hochmütig auf ihn wegen seiner Elegieen herabzuschauen, denn spät oft komme die Liebe und räche sich doppelt. Wie der Dichter gesagt, so ist's geschehen. Pontikus ist von der Liebe erfasst. Es nützt ihm nichts, ein grave carmen zu dichten; deshalb:

I, quaeso, et tristis istos compone libellos
Et cane, quod quaevis nosse puella velit[1]).

In II, 34, Vers 32, fordert er den Lynkeus zur Nachahmung des Philetas und Kallimachus auf, eine Stelle, die sich nur auf deren Elegieen beziehen kann, zumal die αἴτια des letzteren, der non inflatus, im Gegensatze zum tumidus Antimachus genannt wird, ausdrücklich angeführt werden[2]). In einer anderen Elegie sagt ihm Phöbus an einer Stelle, die an die bekannte Darstellung des Kallimachus im Hymnus auf Apollo erinnert, als er sich vorgenommen, die Thaten der Römer von Anfang an zu besingen:

Quid tibi cum tali, demens, est flumine? quis te
Carminis heroi tangere iussit opus?

eine Nachahmung, die deutlich den Sinn jener Worte wiederspiegelt:

Οὐκ ἄγαμαι τὸν ἀοιδόν, ὅσ' οὐδ' ὅσα πόντος ἀείδει,

worauf Apollo antwortet, dass der assyrische Strom zwar gewaltig sei, aber viel Schilf und Schlamm mit sich führe[3]). Deshalb beschränkt sich der Dichter unter Verschmähung des Heldengedichts auf die Elegie:

Inter Callimachi sat erit placuisse libellos.[4])

---

[1]) Vergl. I, 9. Hertzberg, Quaest. Pr. I, 5. S. 19, Commentar. S. 25 u. 34; ferner II, 10 und dazu Hertzberg, Quaest. I, 5, S. 28 und Commentar. S. 120.

[2]) Hertzberg, Quaest. Prop. II, 5, 94 ff. und Commentar. S. 227 ff.

[3]) Vergl. dazu Vergil. Eclog. VI. 2. Cum canerem reges et proelia, Cynthius aurem vellit et admonuit . . . . .

[4]) III, 9, vergl. IV, 1, 133 ff.

Und so schliesst sich gut diesem Gedanken an, was der Dichter IV, 1, 58 ff. sagt:

Hei mihi, quod nostro est parvus in ore sonus!
. . . .
Ennius hirsuta cingat sua dicta corona,
Mi folia ex hedera porrige, Bacche, tua,
Ut nostris tumefacta superbiat Umbria libris,
Umbria Romani patria Callimachi. —

Die Abneigung gegen das Heldengedicht wurde bei den wirklichen Dichtern immer grösser. Martial aus späterer Zeit sagt Epigr. X, 4:

Qui legis Oedipodem caligantemque Thyesten,
Colchidas et Scyllas: quid nisi monstra legis?
Non hic Centauros, non Gorgonas Harpyasque
Invenies: hominem pagina nostra sapit.
Sed non vis, Mamurra, tuos cognoscere mores
Nec te scire: legas Αἴτια Callimachi.

Auch er empfiehlt die Gedichte kleineren Umfangs, vorzugsweise die Elegie der Alexandriner, sowie Theokrit die bukolischen Lieder, zu deren Abfassung auch Vergil von Apollo selbst aufgefordert wird[1]), da er ein deductum carmen singen soll. Ja, Statius will von den breitgetretenen griechischen Stoffen überhaupt nichts mehr wissen und preist den Lukan glücklich, dass er römische Stoffe, wie dies seine Pharsalia beweisen, bearbeitet habe[2]):

Nocturnas alii Phrygum ruinas
Et tarde reducis vias Ulixis
Et puppem temerariam Minervae,
Trita vatibus orbita, sequantur:
Tu carus Latio memorque gentis
Carmen fortior exseres togatum.

Doch hatte er auch Iliaca und anderes geschrieben[3]).

Zum letzten Male gab den Ansichten des Aristoteles und der tonangebenden alexandrinischen Dichter bezüglich der

---
[1]) Vergl. Eclog. VI, 3 ff.
[2]) Genethliacon Lucani II, 7, 48 ff.
[3]) Vergl. II, 7, 54 ff. Teuffel, Gesch. der röm. Litter. § 303, 4.

Einheit der Composition Ausdruck Horaz in seiner Dichtkunst. Wenn auch der grösste Teil seiner Vorschriften sich auf die dramatische Dichtkunst bezieht, so ist doch auch das Epos nicht unberücksichtigt geblieben. Auch auf es ist die Vers 23 gegebene Regel zu beziehen:

Denique sit quidvis simplex dumtaxat et unum,

eine Regel, die in den vorhergehenden Versen durch Schilderung des entgegengesetzten Fehlers erläutert wird. Der Grund desselben ist in dem missverstandenen Streben nach Abwechslung zu suchen; solche Leute verraten jedoch eine mangelhafte Kenntnis der Kunstgesetze. Ausser der Einheit der Komposition ist noch nötig eine gleichmässig vollendete Ausführung des Ganzen. Zeigt sich das Talent nur an den Teilen, so leidet die Vollendung des Ganzen, weil der Künstler nicht totum ponere versteht. Es kommt ferner auf die richtige Ordnung in der Darstellung der Begebenheiten seitens des Dichters an, deren Wesen kurz dahin bestimmt wird (42 f.):

Ut nunc dicat iam nunc debentia dici,
Pleraque differat et praesens in tempus omittat.

Nachdem er dann über das für einzelne Stoffe passende Versmass, besonders auch über den epischen Hexameter gesprochen hat[1]), geht er zur Beurteilung des Dichters über, der einen schon von andern behandelten Stoff zu besingen sich vornimmt. Dieser wird als vilis patulusque orbis bezeichnet. Dazu bemerkt der Scholiast: „orbem κύκλον dicit" und „plenitudinem carminis", wie denn auch der Commentator des Cruquius das poema κυκλικόν verstanden wissen will. Da letzterer hinzufügt: Ut si quis ab ovo gemino Troianum bellum ordiatur, ut is qui bellum Argonauticum est exorsus ab abiegna trabe Pelii montis, so ist nicht daran zu zweifeln, dass Horaz an dieser Stelle vor der Nachahmung der ἄεισμα διηνεκές warnt, gerade wie Kallimachus es gethan, und in Übereinstimmung mit diesem eine einheitliche Handlung, die durch Episoden erweitert wird, vom Dichter verlangt. Horaz betont ja die Einheit der Composition von Anfang an (1—37);

---

[1]) Vers 73 f.

ein cyklisches Gedicht aber, ein carmen perpetuum zu verfassen, war nicht schwer, doch aus einem historischen oder mythologischen Stoffe eine in sich geschlossene Haupthandlung herauszunehmen und die übrigen darauf bezüglichen Teile der Begebenheit zu Episoden zu verarbeiten, das erheischte eine besondere Kunst, wie sie Homer, Kallimachus und Rhianos bewiesen hatten: sie hatten durch die von ihnen angewandte Methode die publica materies zu einer solchen privati iuris für sich gemacht. In einem solchen Falle lautet auch das Proömium bescheidener, wie letzteres bei Homer der Fall ist, qui nil molitur inepte; dies zeigt sich speziell in seiner Odyssee; in dieser nämlich nennt er sofort den Mann, den nicht er, sondern den die Muse ihm besingen soll, weil seine Kraft zu schwach ist; wie unbescheiden klingt nun der Anfang des eingebildeten cyklischen Sängers, der mit vollen Backen sein:

fortunam Priami cantabo et nobile bellum

in die Welt hinaus posaunt und nichts von dem leistet, was einer solchen pomphaften Ankündigung entspräche, der die höhere Weihe der dichterischen Muse fehlt! Und um klar zu zeigen, wie verkehrt der cyklische Dichter handelt, der, wie der Scholiast zu 136 bemerkt, ordinem variare nescit, tadelt er das weite Ausholen des Antimachus, der bei der Schilderung der Rückkehr des Diomedes aus dem Epigonenkriege mit dem Tode des Meleager begann [1]), während ein anderer Dichter den trojanischen Krieg vom Doppelei der Leda an zu erzählen anfing. Horaz verlangt viel mehr Nachahmung Homers. Der gute Dichter, sagt er:

Semper ad eventum festinat et in medias res
Non secus ac notas auditorem rapit —

Als Beleg und Muster führt der Scholiast den Vergil an: Superfluum itaque initium declinans Maro sic inchoavit (Aen. I, 34):

Vix e conspectu Siculae telluris in altum
Vela dabant etc.

---

[1]) Vergl. Welker, Epischer Cyklus I, zweite Aufl., S. 96 ff. und die Scholien zu Horatius.

Zu 148 heisst es beim Scholiasten: „odit longa prooemia" und „ita a medietate incipit, quasi superiora nota sint". Man erkennt daraus, dass die Erklärer des Horaz, die auch sonst ihre Unwissenheit dokumentieren[1]), keine Ahnung mehr haben von der hohen Aufgabe, die einst Aristoteles dem epischen Dichter gestellt hatte. Da sie den Horaz nicht verstanden, der sehr wohl gleich einem Ovid jene Anforderungen kannte, begnügen sie sich mit der einfachen Forderung, der Dichter solle sofort den Leser in medias res führen. Horaz ergänzt seine Vorschriften noch dahin, dass er das, was eine schöne Behandlung nicht vertrage, weglassen solle[2]), wie er denn auch im Anschluss an die Poetik des Aristoteles zeigt, wie jener das Wunderbare zu verwerten habe[3]).

Diesen Ansichten des Horaz, der vollständig mit den griechischen Theoretikern übereinstimmt, huldigt auch Vergil. Dieser hat sogar durch die That bewiesen, dass er nicht anders über die Anlage eines ordentlichen Epos denke, wie Aristoteles, Kallimachus und Horaz. Mit seinen Bucolica, Georgica und den kleineren Gedichten steht er bezüglich des Stoffes auf dem Boden der Alexandriner, bezüglich der Kunst vertritt er in seiner Äneis voll und ganz die Meinung des Kallimachus. So wie die Homerischen Gedichte einen Cyklus bildeten, so eng gehören auch die beiden Teile des Vergilischen Werkes zusammen, indem die ersten 6 Bücher der Odyssee, die letzten 6 der kriegerischen Ilias entsprechen. Wenn auch Heyne in seiner Einleitung zum VII. Buche der Äneis diese Annahme als Serviana nugamenta bezeichnet, so ist sie gleichwohl begründet. Ebenso ist die andere Anforderung der Alexandriner beachtet, dass die epischen Gedichte einen geringeren Umfang haben müssten, wie dies schon Aristoteles in Bezug auf die Homerischen Gedichte gewünscht hatte. Für die Lösung dieser Aufgabe ist Kallimachus bekanntlich energisch eingetreten. Die 12 Bücher der Äneis umfassen

---

[1]) Vergl. Schol. zu 137 und 147.
[2]) Vers 149 f.
[3]) 151 f., vergl. Poet. 24, 8 ff., besonders: δεδίδαχε δὲ μάλιστα Ὅμηρος καὶ τοὺς ἄλλους ψευδῆ λέγειν ὡς δεῖ.

nur 9896 Verse gegenüber den etwa 28000 der Odyssee und Ilias, eine weise Masshaltung des Dichters. Donat nun sagt in seiner vita Vergilii über die Äneis: Argumentum varium et multiplex et quasi amborum Homeri carminum instar: praeterea nominibus ac rebus Graecis Latinisque commune et in quo, quod maxime studebat, Romanae simul urbis et Augusti origo, contineretur, und Servius bemerkt in seiner Einleitung: Intentio Vergilii haec est, Homerum imitari et Augustum laudare a parentibus, sowie zu VII, 1: Ut et in principio diximus, in duas partes hoc opus divisum est. Nam primi sex libri ad imaginem Odysseae dicti sunt... hi autem sex ad imaginem Iliadis dicti sunt, qui in negotiis validiores sunt; nam et ipse hoc dicit (45) maius opus moveo, et re vera tragicum opus est, ubi tantum bella tractantur[1]). Auch Macrobius sagt[2]): Quid? quod et omne opus Vergilianum velut de quodam Homerici operis speculo formatum est. Aus diesen Bemerkungen ergibt sich, dass das Werk eine Nachahmung des Homerischen Cyklus ist und die ganze Geschichte Roms enthalten soll (Augustum laudare a parentibus), und dass es durch die Schilderungen der Irrfahrten des Äneas einer- und seiner kriegerischen Thaten in Latium andrerseits thatsächlich dies Ziel erreicht. Die Einheit beider Teile ist sogar eine noch grössere als bei Homer. Oben sahen wir, dass auch Kallimachus in ähnlicher Weise die Nachahmung des Homerischen Cyklus in seiner Hekale bezweckte, weshalb dem kriegerischen Vorgehen des Theseus das friedliche Stillleben der Hekale zur Seite gestellt wird. Insofern ist in beider Gedichten die Einheit des cyklischen Gedichtes eine grössere als bei Homer. Ob in den Messeniaca ähnliche Verhältnisse walteten? Der Ilias entsprechend wurden des Aristomenes Thaten gefeiert und erzählt, wie er seine Schuld, die ὕβρις, durch die Bestrafung seitens der Götter büssen musste. Den der Odyssee entsprechenden Stoff boten die Auswanderung und die See-

---

[1]) Vergl. Forbiger, Einleitung zu s. Ausg. S. XXXIV und die dort angeführte Litteratur.
[2]) Saturnal. V, 2, 12.

fahrten der Messenier, aber bei dem Mangel an Fragmenten vermögen wir nicht darüber zu urteilen, ob dieser Punkt ausführlich behandelt wurde. Es ist jedoch wahrscheinlich, dass er es gerade so gemacht, wie Kallimachus.

Zur Bestätigung nun unserer Behauptung von der Nachahmung des Homerischen Cyklus durch Vergil sagt auch Macrobius V, 2, 6: iam vero Aeneis ipsa nonne ab Homero sibi mutuata est errorem primum ex Odyssea, deinde ex Iliade pugnas? quia operis ordinem necessario rerum ordo mutavit, cum etc.

Während Vergil also in dem ersten Teile seiner Äneis genau nach dem Muster Homers verfährt und dessen Odyssee nachahmt, schildert er in den letzten sechs Büchern, dem kriegerischen Sange, die Kämpfe des Äneas um die neue Heimat nach dem Vorbilde der Ilias. In dem ersten Teile entwickelt der Dichter uns folgendes: Äneas fährt im siebenten und letzten Jahre seiner Irrfahrten von Sizilien ab, wird aber von Äolus auf Junos Geheiss nach Libyen verschlagen, wie Odysseus durch den von Poseidon erregten Sturm zum Phäakenland. Wie diesem tröstend und seine Rückkehr betreibend Athene zur Seite steht, so vertritt bei Jupiter Venus als eifrige Fürsprecherin des Äneas Interesse. Der nach Karthago verschlagene Flüchtling erzählt der Königin Dido den Untergang Trojas, seine Flucht mit 20 Schiffen nach Thracien, sowie die Fahrt nach Delos, Kreta, Italien, wo ihn ein Sturm erfasst und ihn nach den Strophaden, Aktium, Korcyra und Epirus verschlägt. Dort hört er von Helenus die ihm noch zu Wasser und zu Lande bevorstehenden Gefahren und fährt dann an Tarent, der Scylla und Charybdis vorüber nach Drepanum, wo ihn der von Äolus erregte Sturm von neuem fasst und nach Karthago verschlägt. Diese Episode, welche im II. und III. Buche erzählt wird, entspricht unverkennbar den ἀπόλογοι Ἀλκίνου der Odyssee, deren Nachahmung soweit geht, dass die Weissagungen des Helenus mit denen der Circe in Parallele zu stellen sind. Wie Kalypso den Odysseus zum Manne begehrt, aber auf Jupiters Geheiss ihn endlich ziehen lässt, so möchte Dido, durch Junos Hinterlist in Liebe zu Äneas entbrannt, diesen ihr eigen nennen, aber Jupiter lässt ihn durch Merkur auffordern, nach Italien, seinem Bestimmungsorte, zu ziehen. Von neuem aber erfasst ihn der Sturm, durch den er nach Sizilien gelangt, von wo er nach längerem Aufenthalte endlich nach Italien aufbricht. In Cumae besucht er die Höhle der Sibylle, erfährt von dieser die künftigen Gefahren und den Ausgang des Krieges in Italien. Sie führt ihn alsdann in die Unterwelt, wo der unbegrabene Palinurus ihn mahnt, ihm ein Grabmal zu errichten, Dido sich unwillig von ihm abwendet, Deiphobus ihm seinen schmählichen Untergang erzählt, und endlich sein Vater ihm mancherlei aus der römischen Geschichte bis auf Cäsar und Augustus herab erzählt. Auch in dieser Episode ist die Parallele mit der Nekyia unverkennbar. Hier ist es Elpenor, der unbegraben im Hause der Circe liegt, hier Agamemnon, der ihm seinen schmählichen Tod berichtet, hier Ajas der Telamonier, der sich von ihm zürnend wegwendet, hier der Schatten seiner Mutter, welcher dem Odysseus erscheint.

In den folgenden sechs Büchern ahmt der Dichter die Ilias Homers nach; freilich fehlt es ihm an einer tragischen Handlung, wie dort der Streit der Fürsten solche im Gefolge hatte; aber auch hier ist es ein Weib, um welches der Krieg entbrennt. Denn, als Äneas nach Laurentum gekommen ist und eine Gesandtschaft an König Latinus abgeschickt hat, bietet ihm dieser der Weisung der Götter gemäss seine Tochter Lavinia als Gattin an, obwohl diese mit dem Rutulerkönige Turnus verlobt ist. Juno ist auch hier diejenige Göttin, welche den Frieden stört, indem sie Amata, des Latinus Gattin, sowie den Turnus selbst mit Rachgier erfüllt, so dass dessen Leute auf die Trojaner, welche jenen einen zahmen Hirsch getötet hatten, einen Angriff machten. Latinus wird wider seinen Willen durch Juno zum Kriege gezwungen. Es werden dann wie in dem Kataloge des zweiten Buches der Ilias die Teilnehmer am Kampfe aufgezählt (VII, 676 ff.), die noch durch Hülfsvölker verstärkt werden. Auch hier bleibt, wie in der Ilias Achill, anfangs Äneas dem Kampfe fern, indem er zu Euander zieht, um diesen um Hülfe zu bitten. Er erhält von ihm 400 Reiter unter dem Kommando des Sohnes des Königs, Pallas, die er den Seinigen zu Hülfe schickt, wie Achill seinen Patroklus. Während er selbst nach Agylla sich begibt, fertigt ihm, der Scenerie der Homerischen ὁπλοποιία entsprechend, Vulkan neue Waffen an, darunter den berühmten Schild, auf welchem die Thaten seiner Nachkommen dargestellt waren. In Abwesenheit des Äneas nun sucht Turnus, der sich wie die Trojaner anfangs in der Stadt gehalten hatte, auf Junos Mahnung einen Hauptschlag auszuführen, indem er die Flotte der Feinde in Brand zu stecken sucht, wie Hektor die Schiffe der Griechen. In dieser Not schicken die Trojaner eine Gesandtschaft, den Nisus und Euryalus, zum Äneas, wie die Griechen den Odysseus und Ajas zum Achill, aber die Boten, welche wie Diomedes und Odysseus auf ihrem nächtlichen Streifzuge eine grosse Anzahl Feinde getötet hatten, fallen, so dass auch hier die Botschaft als solche erfolglos ist. In dem sich nun entspinnenden Kampfe siegt Turnus, Jupiter aber ermahnt in der Götterversammlung zur Eintracht und überlässt die Entscheidung dem Schicksal, gleichwie er auch in der Ilias die Lose Hektors und des Patroklus abwägt. Nun kehrt Äneas endlich zu den Seinen zurück und bringt ihnen Hülfe. In dem sich nun entwickelnden Kampfe erleiden beide Teile grosse Verluste, Pallas wird von Turnus getötet. Und wie einst Achill reuig zu den Seinen wiederkehrt, als ihm der liebste Freund, sein Patroklus, gefällt ist, und racheschnaubend über das Schlachtfeld dahinstürmt, die Manen des Erschlagenen zu rächen, so treibt Äneas viele Rutuler in den sicheren Tod, um durch Hekatomben von Leichen an den Feinden Rache zu nehmen. Wie Hektor von Apollo gerettet wird, so rettet hier Juno den Turnus vor dem wütenden Feinde. Der Kampf dauert inzwischen fort, Äneas schickt die Leiche des Pallas zu Euander zurück, und ein zwölftägiger Waffenstillstand sowie das Begräbnis der Gefallenen machen dem blutigen Streite nach Analogie der Ilias ein zeitweiliges Ende; die Friedensvorschläge des Latinus scheitern, wie der in der Ilias geschilderte Versuch der Aussöhnung. Als der Kampf von neuem entbrannt ist, werden die Streitenden erst durch die Nacht wie in der Ilias getrennt. Wie dort Menelaus durch Zweikampf mit Paris, will hier Turnus durch einen solchen mit Äneas die Sache endgültig entscheiden; aber wie dort durch Eingreifen der Götter diese Entscheidung verhindert wird, so auch hier durch Juno; hier wie dort wird ein Vertrag geschlossen. In dem nun entstehenden allgemeinen Kampfe wird Äneas durch einen Pfeilschuss verwundet, aber von Venus geheilt und fordert abermals den Turnus zum Kampfe heraus, der dieses Mal, wie Hektor durch Achill, unter den Augen der streitenden Parteien fällt. Diese Nachahmung des Cyklus geht soweit bei Vergil, dass er, obwohl im Homerischen die Geschichte von der Amazone Penthesilea ganz weggefallen ist, gleichwohl in Erinnerung an den grossen im 11. Buche die Camilla auftreten lässt, die durch Arnus getötet wird (531—835).

Wir sehen, Vergil hatte eine grossartige Idee zur Ausführung gebracht. Er hatte den Homerischen Cyklus nachgeahmt, also Ilias und Odyssee; er hatte seinem Werke eine einheitliche Grundlage gegeben, den Zorn der Juno, während jene bei Homer in der $βουλὴ\ Διός$ bestand; er hatte statt 24 Bücher nur zwölf geschaffen, statt 28000 Versen nur etwa ein Drittel dieser Zahl, kurz er hatte gethan, was Aristoteles und Kallimachus verlangten. Und doch hat er es andrerseits nicht verstanden, im zweiten Teile den Krieg um eine dramatische Haupthandlung zu gruppieren und die übrigen Begebenheiten als Episoden einzuschieben, wie dies in der Ilias geschieht. Um so besser ist ihm der erste gelungen, worin er, wie Homer die Heimkehr des Odysseus, die endgültige Heimfahrt des Äneas in die vom Schicksal ihm bestimmte neue Heimat zur Haupthandlung macht, in der die übrigen Begebenheiten passend als Episoden eingeflochten werden.

Doch hiermit war des Dichters Kunst noch nicht zum vollen Ausdruck gekommen. Wie im grossen epischen Cyklus alle Ereignisse vom Anfang der Dinge an bis auf den Tod des Odysseus enthüllt wurden, wie der Homerische Cyklus den trojanischen Krieg nach seinen Hauptbestandteilen sowie

die Rückkehr der Helden berichtete, manches freilich nur
andeutete, darunter auch den Tod des Odysseus, so hat auch
Vergil die ganze Geschichte des römischen Volkes in sein
Werk verflochten und bis auf seine Zeit herab die Ereignisse
angedeutet, damit der Cyklus ein vollständiger würde. Und
diese Aufgabe zu lösen war für ihn weit schwieriger, als
die Gestaltung des Homerischen Cyklus. Jedes cyklische Epos,
das die Götter- und Heroenzeit behandelte, konnte am Ende
der letzteren stehen bleiben, Vergil war gezwungen, alle
Ereignisse, nicht nur die Irrfahrten seines Helden und dessen
endliche Ansiedlung in Italien, sondern auch die grosse Masse
der Heldenthaten seiner Nachkommen mit Geschick und Klug-
heit in seinem Gedichte so unterzubringen, dass man diese
Absicht nicht allzu sehr merkte. Und dies ist ihm in der
That meisterhaft gelungen. Seine ars war eine ausserordent-
liche und lässt uns auf diejenige eines Kallimachus zurück-
schliessen, dessen Ruhm den Erdkreis erfüllte und von dem
Ovid es laut rühmte: arte valet.

Auch bezüglich dieses Punktes haben sich die Grammatiker
ausgesprochen, und eine genaue Prüfung des Inhalts der Äneis
bestätigt vollauf diese Behauptung. Servius hat zu VI, 752 folgende Bemerkung: Qui bene considerant, inveniunt, omnem
Romanam historiam ab Aeneae adventu usque ad sua
tempora summatim celebrasse Vergilium. Quod
ideo latet, quia confusus est ordo. Nam eversio Ilii et Aeneae
errores, adventus, bellum manifesta sunt; Albanos reges,
Romanos etiam consules, quos commemorat, Brutos, Catonem,
Caesarem, Augustum et multa ad historiam (Romanam) per-
tinentia hic indicat locus. Cetera, quae hic intermisssa
sunt, in ἀσπιδοποιία commemorat. Unde etiam in
antiquis invenimus opus hoc appellatum non esse
Aeneidem, sed gesta populi Romani. Quod ideo mutatum
est, quia nomen non a parte, sed a toto debet dari. Ferner
heisst es zu VIII, 625: cum enim in clypeo omnem
historiam Romanam velit esse descriptam, dicendo:
„Illic genus omne futurae Stirpis ab Ascanio pugnataque in
ordine bella" carptim tam pauca commemorat, sicut in primo

ait: „Videt Iliacas ex ordine pugnas". Nec tamen universa descripsit. Und in der That hat uns der Dichter auf die Geschicke des römischen Volkes von vornherein schon vorbereitet; denn schon I, 243—296 wird die Abstammung der Römer von den Trojanern und deren Geschichte in den Grundzügen bis auf des Augustus friedliche Regierung herab angedeutet, indem Jupiter, um Venus zu beruhigen, ihr das Geschick des römischen Volkes (263 bis 296) vorführt. An jener Stelle, wo der Besuch des Äneas in der Unterwelt erzählt wird, berichtet ihm sein Vater Anchises die Schicksale des römischen Volkes genauer[1]). Es werden dort erwähnt: Silvius, der Sohn des Äneas von der Lavinia, die Herrschaft in Alba longa, Prokas, Capys, Numitor, Silvius Äneas, die Koloniëen Nomentum, Gabii, Fidenä, u. s. w., Romulus, die Gründung Roms, Cäsar, Augustus, der das goldene Zeitalter zurückführen und die Weltherrschaft Roms vollenden wird, die äussersten Grenzen des Reiches werden angegeben, genannt werden ferner Numa, Tullus Hostilius, Ancus Martius, die Tarquinier, Brutus, die Einführung des Consulats; erzählt wird, dass Brutus seine Söhne tötet, angeführt werden die Decier, Druser, Manlius Torquatus, Camillus, Caesar und Pompejus, Mummius, der Griechenland unterwarf, Cato maior, Cossus, die Gracchen, die beiden Scipionen, Fabricius, Fabius Cunctator. Dabei vergisst der Dichter nicht die Künste, welche in Rom blühten, und erwähnt zum Schlusse den Sieger im zweiten punischen Kriege, der auch die Gallier gezähmt hatte, den M. Claudius Marcellus, um sich einen Übergang zur Schilderung des M. Marcellus, des Sohnes der Octavia, zu bahnen, der zu den schönsten Hoffnungen berechtigte. Eine Ergänzung aller dieser Andeutungen erfolgt gewissermassen in der Beschreibung des Schildes VIII, 626—731. Auf diesem, welchen Vulkan für den Äneas angefertigt, waren dargestellt die italische Geschichte und die Triumphe der Römer, die Nachkommenschaft des Askanius, die Kriege der Reihe nach, die Wölfin mit Romulus und Remus, Rom und der Raub der Sa-

---

[1]) VI, 755—888.

binerinnen, der infolge dessen entstandene Krieg und das bei Beendigung desselben abgeschlossene Bündnis, die Bestrafung des Mettius Fufetius, die Aufnahme des Tarquinius bei Porsena, Roms Belagerung, Horatius Cocles, Cloelia, Manlius auf dem Capitol, die Gänse, Salier, Luperker, die vom Himmel gefallenen Schilde; ferner der Tartarus und die Strafen der Verbrecher, Catilina; die Sitze der Frommen, der Recht sprechende Cato; das Meer, die Schlacht bei Actium, hier Cäsar, auf einem Schiffe stehend, und Agrippa, die Flotte führend, dort Antonius mit den Scharen der Barbaren, der Kampf zur See, die Flucht der Orientalen, Caesars Triumpheinzug in Rom, die Festlichkeiten: wahrlich Beweise genug, dass es das Bestreben des Dichters war, durch Episoden die ganze römische Geschichte andeutungsweise seinem Gedichte einzuverleiben, um so einen Cyklus derselben nach Homerischem Vorbilde zu schaffen.

Aber damit begnügte er sich nicht. Ganz wie es Horaz und die Alexandriner im Anschluss an Aristoteles verlangen, beginnt er seine Erzählung nicht ab ovo, sondern verspart sich die Schilderung des Untergangs Trojas und der Irrfahrten seines Helden für später, um sie als Episoden (II. und III. Buch) zu verwerten[1]). Ganz wie bei Homer beginnt die Erzählung im letzten Jahre der Irrfahrten des Äneas und endigt in demselben. Urteilslosen Tadlern dieser Anordnung des Stoffes gegenüber bemerkt Servius in seiner Einleitung: sie rügten diese Ordnung, nescientes hanc esse artem poeticam, ut a mediis incipientes per narrationem prima reddamus, (cod. F. ad prima redeamus), et nonnunquam futura praeoccupemus ut per vaticinationem, quod etiam Horatius praecipit in arte poetica (43). Man sieht, Servius war ein genauer Kenner der Homerischen Kunstgesetze; denn auch Homer hat vieles nur durch Weissagung angedeutet, wie in gleicher Weise auch Kallimachus und Rhianos verfahren haben werden, eben weil Vergil bezüglich seiner Kunstanschauung vom Epos ganz und gar auf

---

[1]) Vergl. Servius zu III, 1.

dem Standpunkte jener Alexandriner steht. Zu I, 34 bemerkt ebenderselbe Servius: Ut Homerus omisit initia belli Troiani, sic hic non ab initio coepit erroris [1]). Eine gleiche Bemerkung der Art findet sich zu I, 382, wo auch Lukanus getadelt wird, weil er historisch verfahre; zu 683 werden wir belehrt, dass der Dichter nicht alles zu sagen brauche, sondern einiges verschweigen dürfe, so wie dies Horaz in seiner Dichtkunst 149 f. verlangt; zu I, 748 heisst es, dass der Dichter oft auf das Folgende hinweise. Ähnliche Bemerkungen, wie bei Servius, finden sich bei Macrobius V, 2, 9, wo der Gegensatz hervorgehoben wird, in welchem die Äneis zur Geschichtschreibung stehe, indem Homer und Vergil „a medio rerum" begännen. Nach V, 14, 11 holt Homer trotzdem das kurz oder lange vorher Geschehene nach, um den historischen Stil zu meiden, und § 15 wird zum Schlusse gesagt: Vergilius omne hoc genus pulcherrime aemulatus est. Überhaupt ist das ganze fünfte Buch des Macrobius, das von der Nachahmung Homers durch Vergil handelt, auch bezüglich der Einzelheiten wichtig und lesenswert.

Gewissermassen als Ergänzung der Darstellung der Irrfahrten des Äneas und des Untergangs Trojas ist dann zu betrachten der Hinweis darauf, dass jener in Karthago bereits die Kämpfe vor Ilium dargestellt findet, I, 453 ff.:
Videt Iliacas ex ordine pugnas
    Atridas, Priamumque et saevum ambobus Achillem.
Er sieht da die Flucht der Griechen, dort die Phrygier von Achill bedrängt, er sieht die schneeweissen Zelte des Rhesus, die Diomedes plündert, der auch dessen Pferde entführt; wieder an einer andern Stelle des Troilus Flucht und dessen Schleifung. Dargestellt ist ferner das Gebet und das Geschenk, welches die Trojanerinnen der Pallas bringen, und wie die Göttin abgewandten Gesichts dessen Annahme verweigert; verewigt war dort auch, wie Hector dreimal um Trojas Mauern geschleift, wie er ausgeliefert wurde, nicht vergessen der Kampf des Memnon und die streitbare Penthesilea mit ihren Amazonen.

---

[1]) Vergl. Donatus, Praef. gegen Ende.

Somit hat Vergil in seiner Äneis nicht nur den Inhalt der Ilias vollständig angedeutet, sondern auch die Geschichte Trojas fortgesetzt bis herab auf seine eigene Zeit und so einen kunstvollen Cyklus der griechisch-römischen Heldensage geschaffen.

Mag man auch noch so viele Aussetzungen an dem Werke im einzelnen machen[1]), soviel steht fest, der Dichter hat die ihm gestellte Aufgabe, vom Standpunkte des Aristoteles und eines Kallimachus aus betrachtet, mit grossem Geschicke gelöst; er hat sich, wie oben angedeutet, mit 12 Büchern und 9896 Versen begnügt, die nicht einmal die Verszahl auch nur eines der Homerischen Gedichte erreichen. Er kennt ferner den Zorn der Juno, welche weiss, dass einst Karthago von Rom aus nach dem Geschick zerstört werden soll, während sie das Urteil des Paris nicht verschmerzen kann, und hat so ein bewegendes Motiv für seine Dichtung. Aber auch sie erreicht nicht die Höhe der Homerischen, wo Schuld und Sühne für die verschiedenen ὕβρεις mächtig eingreifen, ja den tragischen Gehalt des ganzen Werkes bedingen. Die engen Grenzen, welche sich der Dichter hinsichtlich des Umfanges seines Werkes gesteckt hat, werden von Servius in der Einleitung zu den Georgica betont: Ingenti egit arte, ut potentiam nobis sui indicaret ingenii, coarctando lata et angustiora dilatando. Nam cum Homeri et Theocriti in brevitatem scripta collegerit: unum Hesiodi librum divisit in quattuor etc. Ja so weit gingen die Erklärer, dass sie eingedenk der den Homerischen Gedichten zugeschriebenen Wirkung meinten, die Art und Weise der Darstellung in der Äneis sei geeignet, Mitleid für den Helden zu erregen. Denn Donat bemerkt zu I, 382: ecce praeterita strictim transiit et in praesenti immoratur propter maiorem misericordiam commovendam. Wie weit jedoch eine solche Zumutung von der Wahrheit abirrt, weiss ein jeder, der Homer im Sinne der Griechen mit der Äneis vergleicht.

Aber die Römer selbst waren höchst zufrieden mit dem

---

[1]) Vergl. Teuffel, Röm. Litteraturgesch. § 228, Anm. 3, 4, 5.

Werke und priesen dessen Trefflichkeit. Propertius II, 34, 65, und Ovid amor. I, 15, 25, remed. amor. 396, Tristia II, 533 und ars am. 337 spenden ihm reichliches Lob, ja an der letzten Stelle heisst es mit Recht von der Äneis:

Quo nullum Latio clarius exstat opus,

und Quintilian sagt instit. orat. X, 1, 86: Secundus est Vergilius, proprior tamen primo quam tertio, indem er den Domitius Afer also auf die Frage, wer dem Homer am nächsten komme, antworten lässt.

Sehen wir uns unter den übrigen Epikern der Römer um, so finden wir keinen, der auch nur im entferntesten an Vergil heranreichte. Zwar haben Statius und Silius Italicus die äussere Maschinerie des Vergil verwertet; aber trotzdem hat jener bei der Weitschweifigkeit der Darstellung in seiner Thebais mit der kunstlosen Aufzählung der chronologischen Begebenheiten nichts erreicht. Er hat seine Götterversammlungen, seine Götterboten, sein ἐνύπνιον, seinen Sühneversuch (ὅρκοι), seinen κατάλογος (4. B.), seine Mauerschau (7. B.), seine μάχη παραποτάμιος, und nach langen Vorbereitungen seine Kämpfe und Zweikämpfe, mit den nötigen Göttererscheinungen, aber nichts erinnert an jene grossartige Auffassung einer solchen Aufgabe, wie sie Vergil durch die That bewiesen hatte. Recht anmassend kommen uns deshalb die Worte vor, die er seinem Werke zuruft:

Vive, precor, nec tu divinam Aeneida tempta,
Sed longe sequere et vestigia semper adora,

denn die vestigia bestehen eben lediglich in der ganz mechanischen Verwertung der epischen Technik des Vergil.

Auf gleicher Stufe steht Silius Italicus, der bekanntlich den zweiten punischen Krieg in seinen Punica besang. Geistlos hat er die stehenden epischen Requisiten verbraucht, wie dies Teuffel in seiner römischen Litteraturgeschichte § 320, 4 des näheren nachweist. Auch bei ihm hat der Hass der Juno noch nicht ausgetobt, und am Schlusse wirft er einen Blick auf Hannibals Schicksal und Karthagos Zerstörung. Von beiden Dichtern gelten die Worte des ersten Jägers in Schillers Wallenstein:

> Wie er sich räuspert und wie er spuckt,
> Das habt ihr ihm glücklich abgeguckt;
> Aber sein Genie, ich meine, sein Geist —?

den sucht man vergebens.

Vergleicht man nun die Werke Homers mit denen des Kallimachus, Rhianos und Vergil, so reichen trotz der aufgebotenen Kunst weder Kallimachus noch Vergil an ihn heran — nur Rhianos scheint einen wahrhaft tragischen Stoff verarbeitet zu haben. Kallimachus hatte die Aristotelische Forderung von der Einheit des Mythos vollständig erfüllt, aber es fehlt bei ihm die tragische Verwicklung; letztere ist ebensowenig bei Vergil vorhanden. Obwohl er in den ersten 6 Büchern der Odyssee nahe gekommen ist, fehlt es in den letzten sechs an einer Haupthandlung, in welcher die übrigen Begebenheiten als Episoden eingeflochten wären; es fehlt, wie gesagt, bei Kallimachus und Vergil die μεγάλη ἁμαρτία, welche den Helden ins Verderben reisst; und Mitleid und Furcht werden durch beider Gedichte nicht erregt. Dies alles ist bei Homer anders und vorzüglich; aber bei ihm finden sich grobe Widersprüche, wie denn XI, 609 und XVI, 71 ff. den Λιταί widerstreben. Von ihm hat Aristoteles seine Theorie entlehnt, weil er, wie alle seine Landsleute, das sittliche Moment höher stellte. Deshalb finden auf Homer die Worte des Horaz Anwendung:

> Ut pictura poesis: erit quae, si proprius stes,
> Te capiat magis et quaedam si longius abstes[1]).

Derselbe Dichter[2]) rühmt Homer auch als den Mann,

> Qui, quid sit pulchrum, quid turpe, quid utile,
>   quid non,
> Planius ac melius Chrysippo et Crantore dixit.

Wie die Griechen selbst darüber dachten, ist oben des näheren dargelegt.

Bezüglich der Kunst Homers aber können wir soviel sagen, solche Widersprüche wie die oben gerügten, könnten nicht vorkommen, wenn der Gedanke an die Schöpfung eines

---
[1]) Ars poet. 361 f.
[2]) Epist. II, 2, 3 ff.

solchen Werkes ein einheitlich concipierter wäre, weil jene Stellen wesentliche und wichtige Punkte der Handlung ausmachen. Wie sie zu erklären sind, kann nur die Betrachtung des Verhältnisses beider Gedichte zum epischen Cyklus ermöglichen.

Endlich ist zu bemerken: Wie Ilias und Odyssee einen Cyklus des trojanischen Kriegs bilden, so die Hekale des Kallimachus einen solchen der Thaten des Theseus, die Messeniaca des Rhianos einen solchen der messenischen Kriege, die Äneis des Vergil einen solchen der römischen Geschichte; letzterer ist der am weitesten ausgedehnte, weil er die Ereignisse bis auf des Dichters Zeit herab umfasst. Alle diese Gedichte stehen dem carmen perpetuum gegenüber, das den Stoff ab ovo bis auf des Dichters Zeit herab berichtete. Eine Sonderstellung nimmt des Apollonius Werk ein, das nur in sofern ein Cyklus des Argonautenzuges genannt werden kann, als es mit der Stelle beginnt, an welche die Argonauten wieder zurückkehren; Ausgangspunkt und Endpunkt der Fahrt fallen zusammen.

Schliesslich darf nicht unerwähnt bleiben, dass noch eine besondere Form poetischer Darstellung von den Alexandrinern geschaffen wurde, diejenige nämlich, durch Einführung einer mit der Sehergabe bedachten göttlichen oder mythologischen Persönlichkeit sich die Ereignisse des betreffenden Sagenkreises in aller Kürze erzählen zu lassen. Hierbei war es Hauptaufgabe des Dichters, in medias res den Zuhörer zu führen und die früheren Ereignisse gelegentlich einzuflechten. Dies Gesetz galt mehr für die Elegie als das Epos, weil an dieses höhere Anforderungen gestellt wurden. Beachtet war es in der Alexandra Lykophrons, dem Ibis und den αἴτια des Kallimachus und anderen oben erwähnten Dichtungen.

Ausser diesen Arten von cyklischen Epen gibt es noch andere, die jedoch für eine besondere Untersuchung verspart bleiben müssen, weil sonst der Rahmen dieser Arbeit überschritten werden würde.

Inhaltsverzeichnis.

	Seite
Einleitung	1—14
Homer, der Erzieher und Lehrer der Griechen	4
Widerstreitende Ansichten der Alten über seine Epen	7
Die Quellen in ästhetischer Beziehung	11
Urteil Platos über Homer	15
Urteil des Aristoteles	18
Urteil der Alexandriner und des Eustathius	30
Die βουλή Διός nach Aristoteles und Euklid	48
Die βουλή Διός nach Aristarch	52
Die ἁμαρτίαι	55
Ansicht der Alten über die Odyssee	58
Die Ergänzung der Ilias durch die Odyssee	60
Das vorhomerische carmen perpetuum vom trojanischen Kriege	62
Epen mit einheitlicher Grundlage	65
Kallimachus und seine Bedeutung für das Epos	69
Lykophrons Kunst in seiner Alexandra	80
Künstlerischer Wert der Messeniaca des Rhianos	87
Apollonius und Kallimachus, Streit der Principien	90
Die römischen Dichter und das Epos	95
Horaz und Aristoteles	100
Vergils Nachahmung des Homerischen Cyklus	102
Die Äneis, ein Cyklus der römischen Geschichte	107
Ästhetisches Urteil über Statius und Silius Italicus	113
Resultat	115

Druckfehler.

Seite 16, Zeile 3 lies: ἔργα.
„ 18, „ 28 „ χρόνῳ.
„ 51, „ 26 „ angekündigt.
„ 51, „ 30 „ βουλή.
„ 83, „ 31 „ Aristoteles.
„ 87, „ 8 „ in.

Printed by BoD in Norderstedt, Germany